Apprivoiser la
méditation

Madonna Gauding

Apprivoiser la
méditation

Méthodes pratiques pour guérir et transformer votre vie

97-B, Montée des Bouleaux, Saint-Constant, Qc, Canada J5A 1A9
Internet : www.broquet.qc.ca   Courriel : info@broquet.qc.ca
Tél. : 450 638-3338   Téléc. : 450 638-4338

Catalogage avant publication de Bibliothèque et Archives nationales du Québec et Bibliothèque et Archives Canada

Gauding, Madonna

Apprivoiser la méditation

Traduction de : Working with meditation.

Comprend un index.

ISBN 978-2-89654-033-4

1. Méditation. I. Titre.

BF637.M4G3814 2009   158.1'2   C2008-941855-7

POUR L'AIDE À LA RÉALISATION DE SON PROGRAMME ÉDITORIAL, L'ÉDITEUR REMERCIE : le Gouvernement du Canada par l'entremise du Programme d'aide au développement de l'industrie de l'édition (PADIÉ) ; la Société de développement des entreprises culturelles (SODEC) ; l'Association pour l'exportation du Livre Canadien (AELC) ; le Gouvernement du Québec – Programme de crédit d'impôt pour l'édition de livres – Gestion SODEC.

Titre original : *Working with meditation*
Première publication en Grande-Bretagne en 2007,
par Godsfield Press, division de Octopus Publishing Group Ltd
Copyright © Octopus Publishing Group Ltd 2007

Pour la version en langue française au Canada :
Copyright © Broquet Inc. Ottawa 2008
Dépôts légal – Bibliothèque et archives nationales du Québec
1er trimestre 2009

Imprimé en Chine
ISBN 978-2-89654-033-4

sommaire

INTRODUCTION

Quand la plupart des gens pensent à la méditation, ils imaginent une personne assise en tailleur sur un coussin, yeux fermés, plongée dans une contemplation profonde. Pourtant, de nombreuses manières différentes et créatives de méditer existent. Ce livre enseigne l'art de combiner la méditation avec d'autres pratiques spirituelles et curatives, comme le yoga, le chi kung et le tai chi, de même que la méditation en coloriant des mandalas, en parcourant des labyrinthes et en profitant des beautés de la nature.

Le premier chapitre comporte une introduction globale à la méditation et aux raisons de la pratiquer. Il explique la méditation de base et présente les quatre types de méditation que vous utiliserez au fil des pages de ce livre.

Le chapitre suivant présente les origines spirituelles du yoga et montre comment intensifier sa pratique en associant des méditations spécifiques à des postures très connues, comme le Chien museau vers le sol.

Le troisième chapitre décrit l'art chinois ancien du chi kung et les huit morceaux de brocart, série d'exercices puissants de chi kung, chacun accompagné d'une méditation.

Le quatrième chapitre parle des origines du tai chi chuan, art martial chinois célèbre dans le monde entier, devenu l'une des pratiques de santé et de longévité les plus populaires pour les gens de tout âge. Vous apprendrez les méditations pour les cinq premiers mouvements de la forme courte du style Yang, qui vous inciteront peut-être à créer vos propres méditations à associer à l'ensemble de la série.

Le cinquième chapitre dévoile les mystères du mandala, symbole spirituel présent dans pratiquement toutes les cultures du monde. Vous apprécierez la combinaison de méditation et de coloriage des quatre mandalas fournis.

Au sixième chapitre, vous découvrirez le labyrinthe en tant qu'outil de croissance spirituelle et de guérison. Des indications quant à la création de votre propre labyrinthe sont suggérées, ainsi que des méditations permettant de puiser dans son pouvoir.

Pour finir, le septième chapitre encourage à trouver le temps de vous reconnecter avec la nature. Une série de brèves méditations pour pratiquer dans divers environnements naturels est proposée.

méditation pour fortifier d'autres pratiques

Il est utile d'enregistrer toutes les méditations d'avance, puis de les écouter en vous concentrant totalement sur la méditation,

Vous découvrirez que la méditation peut être entreprise dans toutes sortes d'endroits, et associée à de nombreuses autres pratiques. Par exemple, la méditation associée au yoga ou au tai chi améliore de beaucoup l'efficacité de ceux-ci. Ce faisant, vous alignez votre mental et votre corps, créant une synergie cumulative au fil du temps. Vous pouvez réfléchir à vos problèmes, apprendre à apaiser votre mental et conférer un focus spirituel à tout ce que vous faites. Cela vous incitera peut-être à créer vos propres méditations pour diverses activités répondant à vos besoins spécifiques de développement mental et spirituel. Ce livre tente de vous présenter les aspects créatifs et énergisants de la méditation, ainsi que de vous initier aux mystères et aux secrets de votre mental.

QU'EST-CE QUE LA MÉDITATION ?

La méditation implique la concentration intérieure sur le mental. Ce peut être un moyen de relaxation, une technique pour cultiver la discipline mentale, une manière d'avoir un aperçu psychologique ou une méthode de communiquer avec Dieu ou un pouvoir supérieur. La méditation a pour objectif final de vous aider à dépasser les limites de la conscience ordinaire et de porter votre mental vers des plans supérieurs. Ce chapitre présente les bénéfices et les principes de base de la méditation, en plus des quatre techniques simples utilisées dans ce livre.

la méditation, clé du mental

La vie quotidienne ressemble à un rêve éveillé. Au lieu d'être vraiment réveillé et conscient, l'individu est préoccupé et perdu dans ses pensées. Une pensée en déclenche une autre, puis une deuxième, une troisième, et ainsi de suite. Pour les bouddhistes, cet état ordinaire du mental est le « mental du singe », rempli de chimpanzés indisciplinés sautant de branche en branche. Une pensée apparaît et, pour finir, une autre, sans rapport avec la première, naît. Les pensées semblent avoir une vie propre.

Ce ne sont pas seulement les pensées qui sont indisciplinées. Une rencontre ou un événement peuvent déclencher si brusquement la peur, la colère, la jalousie ou le désir, que l'individu se sent littéralement pris en otage par ses émotions. Une minute nous conduisons tranquillement, la suivante, nous sommes furieux parce qu'une autre personne nous a coupé la route et a presque provoqué un accident. Ou nous arrivons au travail de bonne humeur et le chef nous met à cran. Une remarque en passant perturbe pour le reste de la journée.

Comme si les pensées et les émotions turbulentes ne suffisaient pas, nous projetons sur les autres ce que nous croyons qu'ils ressentent ou pensent, sans vraiment savoir si c'est bien le cas, ou nous leur attribuons des qualités que nous désirons avoir nous-mêmes. Par exemple, si nous voyons un bel étranger bien habillé à la table voisine, nous imaginons qu'il est remarquable et couronné de succès, alors qu'en réalité il est endetté jusqu'au cou et d'une intelligence ordinaire. De même, en regardant une femme mal habillée, nous imaginons qu'elle est assez gourde et solitaire, alors qu'elle est une professeur d'université qui vit un mariage heureux. Où nous craignons que le partenaire regarde ailleurs quand ce n'est pas le cas, parce qu'inconsciemment nous sommes tentés nous-mêmes. Bien entendu, tous les gens fantasment sur l'avenir : Comment serait la vie ? Que ou quoi nous aimerions avoir ?

Au lieu d'être conscients de la réalité et de ce qui se passe effectivement en nous et autour de nous, nous vivons dans un monde onirique, confiné, engendré par notre mental. Pourtant, nous sommes convaincus de savoir ce qui est réel et ce qui ne l'est pas. Le but de l'examen de l'état mental normal n'est pas de nous juger nous-mêmes ; après tout, chacun peut se rap-

porter à cet état. Comme nous le découvrirons, le mental est capable de bien plus, et la méditation est la clé de ce savoir.

s'éveiller à la réalité

Quand un événement nous fait sortir de cet état mental ordinaire – perte d'emploi, mort d'un proche, diagnostic d'une maladie grave – nous sommes désorientés, notre vie est bouleversée. À ces moments, les pensées échappant généralement à tout contrôle, les émotions explosives, les projections et les fantasmes s'effacent, pour laisser place à la réalité perçue avec une clarté choquante. Si douloureuses et si intenses que ces expériences puissent être, elles suscitent souvent un sentiment d'éveil plus fort que jamais.

Lorsque la tragédie frappe, les priorités changent. Ce qui semblait tellement important n'est plus significatif, et nous sommes obligés de nous interroger sur le sens de la vie. En raison de ce notable changement de perspective, nous arrivons parfois à considérer l'épreuve comme un cadeau, car sans elle la vie ne se serait pas révélée. Ce qui est au premier abord une tragédie, s'avère de temps à autre une occasion de grand éveil, car le mental est sorti de son état onirique habituel.

Au lieu d'attendre que le monde nous éveille par un choc quelconque, nous pouvons choisir de vivre en permanence en un état conscient. La méditation est l'antidote de la vie dans un monde des rêves. C'est l'acte conscient de préparer le mental à vivre pleinement dans le moment pré-

Beaucoup de religions modernes combinent la prière avec une forme quelconque de méditation.

sent grâce à une diversité de techniques spirituelles et physiques. La méditation exige de la discipline, mais conduit à une concentration, à une prise de conscience, à une paix, à une relaxation et à un contentement plus notables. De ce mental paisible émergent l'intuition et la conscience. Le mental discipliné peut sonder plus profondément les pensées et les idées ou créer une visualisation de ce que nous aimerions être. Bien qu'il ne soit pas nécessaire de pratiquer une religion particulière pour méditer, la méditation peut conduire à de considérables réalisations spirituelles. Elle a le potentiel d'approfondir la compréhension des plus grands mystères de la vie.

l'histoire de la méditation

L'un des textes les plus anciens traitant de méditation, datant de 5 000 ans, est le *Vigyana Bhairava Tantra* hindou qui comporte 112 techniques de méditation pour réaliser son véritable moi, présentées sous forme de poèmes. Les 112 méditations sont des réponses données par le dieu Shiva aux questions de la déesse Devi sur la nature de la réalité. Au lieu de lui répondre directement, Shiva lui propose des méthodes de méditation lui permettant de faire elle-même l'expérience des réponses. Le prince Siddhartha, qui vivait en Inde il y a 2 500 ans, est l'un des plus célèbres maîtres de méditation des temps anciens. Il a abandonné son royaume, sa famille, sa fortune et sa vie privilégiée pour poursuivre le savoir spirituel et, après de difficiles épreuves, a atteint l'« éveil » et posé les bases du bouddhisme. La méditation lui a permis d'atteindre l'illumination. Il enseignait aux autres la concentration et la méditation attentive pour les aider à atteindre la sagesse, en plus d'encourager la méditation sur l'amour et sur la compassion envers tous les êtres vivants. Selon lui, la méditation conduit chacun à la félicité et à la fin de la souffrance humaine telle que nous la connaissons.

méditation et religion

La première mention de méditation chrétienne date des environs de l'an 220. À cette époque, les ascètes de l'Égypte avaient commencé à se pencher sur la Bible en réfléchissant au sens profond de chaque verset, pratique spirituelle appelée « lecture divine », *lecto divina*. Le moine se plongeait ensuite dans la méditation, puis dans la prière, se focalisant ensuite en silence sur Dieu, étape de la « contemplation ». Cette progression en quatre étapes – lecture, méditation, prière, contemplation – est devenue par la suite l'« échelle » de la prière.

La méditation chrétienne s'est développée pendant des siècles sous de nombreuses formes, et continue à intéresser beaucoup de chrétiens contemporains. La « prière de centrage », qui met l'accent sur la quiétude intérieure et l'expérience de la présence de Dieu, est une méditation populaire du XXᵉ siècle.

La plupart des religions enseignent une pratique méditative ou une autre. Par exemple, une méditation de la Kabbale juive visualise le royaume céleste que traverse l'âme pour atteindre la réalisation spirituelle. Les musulmans pratiquent cinq fois par jour le *salat*, méditation se concentrant sur l'esprit et l'âme d'Allah.

La méditation a toujours servi d'outil pour la réalisation spirituelle, mais il est important de souligner qu'une affiliation religieuse n'est pas nécessaire pour la pratiquer, même si celle-ci est née dans un contexte religieux. De nombreuses méditations New Age s'inspirent des traditions orientales, comme la méditation transcendantale et le soulagement naturel du stress, qui reposent sur une étude scientifique plutôt que sur la religion.

quatre manières de méditer

Les innombrables techniques de méditation, partent toutes en fin de compte de quatre types de travail mental, qu'explore de livre :

- Le premier exige l'apprentissage de la focalisation et de la concentration – autrement dit, « apprivoiser le singe ». En habituant le mental à se concentrer sur une bougie, une image, le souffle ou même un mouvement tel que la marche, vous devenez conscient de vos modèles normaux de pensée et finissez par apprendre à apaiser votre mental.

- Le deuxième enjoint d'apprendre des choses sur vous-même et sur le monde environnant sans passer par le filtre de l'émotion incontrôlée, du fantasme ou de la projection – processus désigné par les termes attention, intuition ou méditation consciente.

- Le troisième est la contemplation d'un sujet. Comme déjà mentionné, les chrétiens primitifs méditaient sur des passages du Nouveau Testament. Les bouddhistes tibétains pratiquent la « méditation analytique » sur la compassion, la patience et la générosité.

- Le quatrième engage la capacité du mental à imaginer ou à visualiser, en vue de contribuer à la création du mental et de la réalité désirés.

les bénéfices de la méditation

Au cours de sa longue histoire, la méditation a été associée au développement spirituel. L'apaisement du mental n'était pas un but en soi, la méditation fournissant plutôt une base à l'interrogation spirituelle et à la réalisation sur ce plan. La méditation visait à obtenir un aperçu du sens de l'existence et de l'esprit de Dieu. Si vous voulez approfondir votre vie spirituelle, la méditation peut assurément vous aider.

En plus d'améliorer la santé physique, la méditation bénéficie spirituellement, émotionnellement et mentalement.

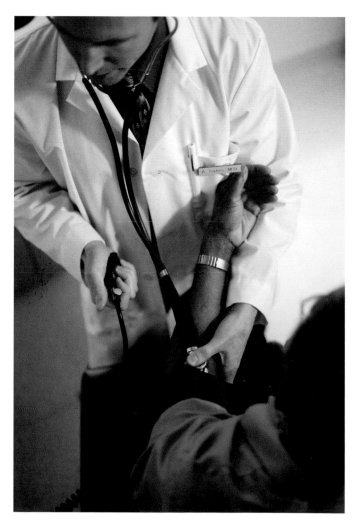

La méditation a de nombreux bénéfices pratiques et il est bon d'explorer ce qu'elle peut offrir – sur les plans physique, mental, émotionnel et/ou spirituel. Travailler avec la méditation associée à d'autres pratiques de développement personnel, comme le yoga, le tai chi, le parcours des labyrinthes ou le coloriage des mandalas, fortifiera et élargira votre expérience. Voici quelques excellentes raisons de pratiquer la méditation.

méditation pour une meilleure santé

La méditation sur la respiration peut abaisser la pression sanguine, ralentir le rythme cardiaque et atténuer l'anxiété. En complément au traitement médical traditionnel ou alternatif, la méditation aide à soigner diverses maladies comme le cancer et les problèmes cardiaques. Elle favorise la gestion de la douleur et peut prévenir la maladic en aidant à rester physiquement équilibré et en bonne santé. Par exemple, les médecins de l'université du Texas ont développé un programme de gestion de la douleur et du stress fondé sur une combinaison de méditation orientale et de yoga. Ils ont constaté que ces techniques, associées aux médicaments, atténuaient grandement la douleur des patients par rapport à la seule prise de médicaments.

Richard Davidson, neurologue formé à Harvard, et Robert Sapolsky, professeur à l'université de Stanford ayant étudié les effets du stress sur le corps, ont découvert que la méditation fortifie le système immunitaire, atténue la dépression et abaisse le taux de cortisol – l'hormone associée au stress. Davidson avait fait équipe avec le maître de méditation Jon Kabat-Zinn et enseigné la méditation aux salariés d'une société américaine de biotechnologie pour les aider à apaiser leur stress. Après huit semaines, ils ont constaté que les personnes formées à la méditation se sentaient moins stressées, en plus d'avoir un système immunitaire plus solide que les personnes du groupe de contrôle. La méditation aide à créer le contentement, la paix et la joie, qui calment le mental, ce qui, à son tour, favorise la santé et la longévité.

La pratique de la méditation avec concentration aide à accorder toute votre attention à votre travail et à votre famille.

méditation pour accroître la concentration

La pratique focalisée de la méditation – la concentration du mental sur quelque chose, comme le souffle – aide à développer les capacités mentales utiles dans tous les domaines de la vie, assure plus de réussite professionnelle et rend la vie plus facile pour vous et vos collègues de travail. Accorder toute votre attention à votre partenaire ou enfant le fait se sentir respecté et aimé. Selon les scientifiques, la méditation focalisée suscite en fait des modifications cérébrales. Le chercheur Richard Davidson a découvert qu'au cours de cette méditation, certaines ondes cérébrales se synchronisent mutuellement. Autrement dit, la méditation a un effet positif sur le corps et le mental.

méditation pour stimuler la prise de conscience

La puissance accrue des médias électroniques au travail, dans la vie quotidienne et aux moments de loisirs, les troubles déficitaires de l'attention augmentent chez les adultes. Même si vous ne souffrez pas de cette affection, vous pouvez vous sentir parfois débordé et avoir envie de « vous poser » pour éviter les excès ingérables. Conséquence des tâches multiples et de la vie trépidante, de temps à autre vous n'êtes plus conscient de ce que vous faites ou ressentez. La méditation attentive vous aidera à dépasser le bruit, à animer vos sens et à enrichir votre vie. Apprenez à ralentir, à vivre

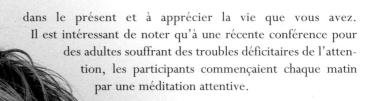

dans le présent et à apprécier la vie que vous avez. Il est intéressant de noter qu'à une récente conférence pour des adultes souffrant des troubles déficitaires de l'attention, les participants commençaient chaque matin par une méditation attentive.

méditation
pour équilibrer les émotions

La vie stressante provoque facilement la colère. Les longues heures de travail et les prix élevés mettent les nerfs à vif et les gens s'énervent pour un oui ou pour un non. Les bouleversements et l'agitation du monde font entrer la peur dans votre vie. La compétition rend jaloux de la réussite des autres. Si vous désirez rester conscient de vos émotions et les contrôler, essayez la méditation. Vous constaterez que nombre de méditations de ce livre vous aideront à transformer les émotions négatives.

À long terme, la méditation aide à équilibrer les émotions et à atteindre la paix mentale.

À long terme, la méditation favorise la paix mentale et la moindre réactivité émotionnelle. Les chercheurs ont découvert que la méditation sur la compassion, par exemple, suscite avec le temps des changements positifs dans une partie du cerveau, l'amygdale cérébelleuse – zone impliquée dans le traitement des émotions.

méditation
pour guérir les problèmes psychologiques

Si vous souffrez d'un problème psychologique grave comme la dépression chronique, consultez un médecin spécialisé. En cas de dépendance aux drogues, à la nourriture, au sexe, à l'alcool, en cas de chagrin irrésolu concernant la perte d'un proche, de mauvais traitement, de traumatisme d'enfance ou d'autres problèmes psychologiques, la méditation soutient merveilleusement le processus de guérison. Elle vous aide à vous lier d'amitié avec vous-même et à abandonner la haine de soi. Si vous tergiversez, si vous avez du mal à maintenir une relation, la méditation sera utile si vous la laissez vous accompagner dans votre voyage de guérison. Comme vous le constaterez, combiner la méditation avec l'une des pratiques présentées dans ce livre – yoga ou chi kung – est une bonne façon de surmonter des habitudes nuisibles.

méditation pour contempler les mystères de la vie

Si vous vous sentez enlisé dans les aspects matérialistes qui envahissent la vie, méditez pour les transformer et les transcender. Méditez si vous désirez comprendre le sens de votre vie, de votre destin, de votre connexion avec tous les êtres vivants et le caractère sacré de la réalité. La spiritualité est un terme galvaudé, mais il vient d'« esprit », force vitale, énergie intelligente qui baigne l'univers – vous pouvez l'appeler Dieu, Bouddha, Christ, Femme araignée (importante déesse des Amérindiens du Sud-Ouest) ou pouvoir supérieur. Essayez d'être ouvert à l'idée que la vie est plus que le monde matériel. Posez les grandes questions de la vie et voyez quelles réponses vous obtenez, créez votre propre voie spirituelle.

La méditation est une manière de prendre soin de vous-même et des autres. Elle affirme que votre vie est importante, précieuse et éphémère. Quoi qui vous pousse à méditer ou quelle que soit la forme pratiquée, cela vaut le temps que vous y consacrez.

bases de la méditation

Bien qu'ils ne soient pas essentiels, vous pouvez investir dans quelques objets qui faciliteront votre méditation et la rendront plus productive. La plupart sont disponibles dans les magasins spécialisés ou sur Internet.

il vous faut

- **Coussin ou chaise** : comme il est souvent recommandé de vous asseoir pour méditer, achetez un coussin spécial pour la méditation. On en trouve de toutes les formes, tailles et couleurs, rembourré d'une diversité de matériels, dont kapok et balle de sarrasin. Certains sont même ajustables. Mieux vaut les essayer d'abord si possible et voir lequel vous convient le mieux.

- **Tapis** : si vous achetez un coussin de méditation, investissez dans un *zabuton* plat, plus grand, à placer au-dessous. Il sert à élever le coussin un peu plus haut par rapport au sol et à protéger vos chevilles. Pour la relaxation et pour certaines postures de méditation exigeant de s'allonger à plat sur le sol, procurez-vous un tapis de yoga.

- **Couvertures et châles** : pour les postures de relaxation du yoga, couvrez-vous d'une couverture légère. De même, si vous restez assis à méditer pendant de longues périodes de temps ou tôt le matin quand il fait un peu frais, c'est bon d'avoir une couverture ou un châle. En étant bien au chaud lorsque vous coloriez un mandala ou parcourez un labyrinthe, vous restez mieux concentré et à l'aise.

- **Vêtements larges** : en pratiquant la méditation assise ou lorsque vous travaillez avec l'une des autres méthodes présentées aux chapitres suivants, essayez de porter des vêtements larges. Évitez les ceintures, le bracelet de montre serré ou tout vêtement gênant les mouvements. Un survêtement large, une robe lâche ou un caftan conviennent parfaitement. Des vêtements spéciaux pour le yoga, le tai chi ou la méditation sont disponibles sur le marché.

Les coussins, les tapis, les châles et les vêtements larges rendent la méditation assise plus confortable.

(Ci-dessus) Créer un espace sacré pour la méditation assise et en mouvement fortifiera votre pratique.

(Ci-dessus à droite) Ajouter un petit autel à votre espace sacré aidera à focaliser votre mental et votre énergie.

créer un espace sacré

L'espace sacré est une place où vous pouvez vous connecter à un monde au-delà de celui quotidien, ordinaire – un site pour la méditation et les pratiques en mouvement. Ce peut être une partie de votre chambre ou séjour, ou un endroit temporaire spécialement créé. Si vous avez une pièce de disponible, transformez-la en espace de méditation et de pratique.

Décidez d'abord où vous aimeriez placer votre espace de méditation. Vous serez peut-être obligé de réaménager la pièce choisie. Décidez si cet espace sera permanent ou temporaire, installé seulement quand vous pratiquez le yoga, le tai chi ou la méditation. Pour la méditation assise, il vous faut assez d'espace pour le coussin ou la chaise ; quand vous pratiquez des exercices en mouvement, la zone doit être assez large pour que vous puissiez bouger sans entrave. Pour travailler avec les mandalas ou les petits labyrinthes, une table et une chaise sont nécessaires.

Nettoyez soigneusement l'espace choisi, passez l'aspirateur, essuyez la poussière, passez la serpillière. Lavez les housses des chaises et des coussins. En plus d'entretenir l'espace net, le nettoyage élimine toute énergie négative que votre environnement ou vous-même abritiez. Comme l'énergie est susceptible de stagner, la pièce sera ainsi ranimée.

Pour la méditation assise, placez un coussin ou une chaise à votre guise. Asseyez-vous et assurez-vous d'être à l'aise. Gardez à proximité un tapis de yoga, un châle ou d'autres petits coussins pour les utiliser si nécessaire. Ajoutez un petit autel avec des fleurs, des images de personnages sacrés, des bougies et de l'encens. Si vous aimez écouter de la musique pendant votre méditation ou vos séances d'exercice, placez à côté un lecteur de CD.

Votre espace sacré est personnel, et à mesure que vous méditez et effectuez d'autres pratiques décrites dans ce livre, il peut évoluer. Quand vous méditez dans la nature, créez mentalement un espace sacré autour de vous, pour honorer votre intention de vivre pleinement conscient en offrant un lieu spécial à votre croissance personnelle et spirituelle. Cette création invite le sacré dans la vie. Observez de quelle manière cet espace enrichit votre vie.

méditation assise de base

La méditation étant concernée par la maîtrise, la guérison et l'éveil de votre mental – lié inextricablement à votre corps –, la posture est importante. Assis dans la méditation ou pratiquant les autres exercices présentés dans ce livre, vous apprendrez que votre corps et votre souffle sont très utiles à votre mental.

Lorsque vous méditez dans la nature, créez mentalement un espace sacré autour de vous, en le visualisant comme un petit cercle vous ceignant quand vous êtes assis ou englobant tout ce que vous pouvez voir ou imaginer. Si possible, apportez une couverture et asseyez-vous par terre. En vous installant dans la posture de méditation, sentez votre corps se remplir de l'énergie du ciel au-dessus de vous et de l'énergie du sol au-dessous.

Les exercices se concentrent sur l'association de la méditation avec des pratiques comme le yoga, le tai chi ou le chi kung. Avant de travailler avec d'autres techniques, vous devez apprendre la méditation de base. La posture assise traditionnelle pour la méditation est celle enseignée par le Bouddha il y a 2 500 ans, la « posture en sept points ».

la posture classique en sept points

Bien que vous ne maîtrisiez probablement pas immédiatement la posture classique en sept points, il faut la tenter. Si elle semble impossible, faites de votre mieux, en gardant toujours la colonne vertébrale droite. La posture correcte aide votre mental à trouver paix, force et contrôle. Elle bénéficie au corps en mettant en équilibre vos énergies et ses systèmes.

1 Asseyez-vous sur le plancher, le dos – depuis la nuque au creux des reins – aussi droit que possible. Imaginez des pièces de monnaie empilées les unes sur les autres.

2 Croisez les jambes, la droite sur la gauche. Le haut de vos pieds est posé à plat sur vos cuisses. Dans l'idéal, vos pieds forment une ligne droite.

3 Vos épaules sont au même niveau, relaxées. Une épaule ne doit pas être plus haute que l'autre.

4 Votre menton est à l'horizontale par rapport au plancher, légèrement rentré.

5 Vos yeux relaxés, ouverts et légèrement abaissés regardent à environ 1 m devant vous sans rien fixer en particulier.

6 Votre langue est placée contre le palais.

7 Vos lèvres sont légèrement écartées, vos dents se touchent sans se serrer. Respirez par le nez.

Garder la colonne vertébrale droite et la capacité de se relaxer sont des aspects importants de la méditation assise.

conseils utiles pour la posture en sept points

- Vous pouvez utiliser un coussin pour élever un peu vos fesses, rapprochant ainsi les genoux du plancher et aidant le dos à rester vertical. Mieux vaut vous asseoir un peu en avant sur le coussin.

- Vos paumes placées à 4 doigts de largeur au-dessous du nombril (sans toucher vos jambes ou vois pieds) sont tournées vers le haut. Vos coudes sont légèrement écartés du corps. Si vous préférez, posez les mains sur les genoux.

- Bien que vous puissiez fermer les yeux, mieux vaut vous habituer à méditer les yeux ouverts. Les yeux fermés encouragent la naissance des pensées, la rêvasserie et la distraction.

- Essayez de vous détendre autant que possible. La plupart des gens véhiculent une énorme tension résiduelle dans leur corps. L'effort de rester assis en posture de méditation produit temporairement plus de tension. Apprenez à vous rendre compte quand vous êtes tendu ou avez mal, et à relâcher lentement la tension.

- Effectuez de micro-ajustements. Le plus important est de garder la colonne vertébrale droite et les épaules détendues. Si vous ne pouvez pas croiser les jambes dans la posture en sept points correcte, faites de votre mieux ou asseyez-vous sur une chaise.

- Si vous avez du mal à vous asseoir bien droit à cause d'une douleur ou d'une blessure du dos, utilisez un support pour le dos ou asseyez-vous sur une chaise, pieds à plat sur le sol. Faites tout ce que vous pouvez pour rendre la posture assise convenable pour vous.

- Si vous commencez à méditer tard dans la vie, ne vous torturez pas en pensant que vous êtes obligé de rester assis en posture traditionnelle ; procédez à tout ajustement nécessaire. L'un des objectifs de la méditation est de devenir plus gentil. Assurez-vous de vous inclure dans cette gentillesse.

Bien qu'il soit merveilleux de la combiner avec d'autres activités, la méditation assise doit être la base de votre pratique. Si possible, méditez tous les jours. Même si vous ne pouvez consacrer que 10 minutes par jour à la méditation, vous commencerez à éprouver la plupart des bénéfices déjà mentionnés (voir pages 14 à 17).

quatre méditations préliminaires

Les quatre méditations préliminaires suivantes sont effectuées en utilisant la posture classique en sept points décrite pour la méditation assise présentée aux pages précédentes.

méditation avec concentration

Méditer ou vous concentrer tous les jours sur la respiration offre une base solide à toutes les autres formes de méditation. Les hindouistes et les bouddhistes méditaient de cette manière pour contrôler la pensée et éliminer les idées et les actions négatives, afin de rendre le mental réceptif aux vérités spirituelles. En essence, vous méditez sur votre respiration afin

d'offrir au mental quelque chose à laquelle « s'accrocher » quand il commence à sauter d'une pensée à une autre. Entraîner ainsi votre mental vous aide à vous concentrer sur une chose à la fois et à développer vos pouvoirs de concentration. Ce processus a une influence apaisante sur votre corps et votre mental, atténue la négativité et l'anxiété, ralentit le rythme cardiaque et abaisse la pression du sang.

- Asseyez-vous en tailleur sur un coussin, vos fesses légèrement élevées (si vous ne pouvez pas vous asseoir en tailleur, asseyez-vous sur une chaise). Gardez le dos droit, les épaules alignées et détendues, le menton parallèle au plancher. Abaissez les yeux et concentrez-le regard à environ 1 m devant vous. Reposez doucement vos mains sur les genoux.

- Respirez par le nez, à partir de l'abdomen plutôt que de la poitrine. Vérifiez votre posture et relaxez toute partie tendue du corps.

- Commencez à compter votre respiration sur chaque expiration. En arrivant à 10, recommencez. Quand des pensées interviennent, laissez-les s'en aller et recommencez à compter votre respiration.

- Après environ 10 minutes, mettez fin à la séance. Essayez de faire entrer la concentration dans votre vie quotidienne.

méditation attentive

Quand vous êtes éveillé, votre mental saute d'une pensée à une autre, comme un singe de branche en branche. Vous vous êtes peut-être rendu au supermarché en voiture, perdu dans vos pensées, vous « éveillant » sur le parking. Pendant le trajet, vous avez eu des centaines de pensées, et d'innombrables images et impressions ont traversé votre esprit. C'était comme si la voiture se dirigeait toute seule.

Cette méditation est conçue pour vous aider à observer votre mental et sa tendance à sauter en permanence d'une pensée à une autre. Elle vous aidera aussi à prêter plus d'attention au sujet de vos pensées et à vos sensations réelles. Ce processus vous permettra de devenir plus conscient dans votre vie quotidienne, de vous sentir plus vivant et présent dans chaque instant.

- Asseyez-vous en posture de méditation sur une chaise ou un coussin et prenez quelques respirations profondes.

- Commencez à observer vos pensées. Notez à quelle vitesse et avec quelle fluidité votre mental saute d'une idée ou d'une impression à une autre. Réfléchissez aux minutes précédentes et essayez de vous rappeler à quoi vous pensiez. Retracez la manière dont vous êtes arrivé à ces pensées-là au moment concerné.

- Regardez l'heure et pendant les 60 secondes suivantes, tracez une marque avec un crayon sur une feuille de papier chaque fois que vos pensées changent.

- Faites entrer la prise de conscience du « mental de singe » dans votre vie quotidienne. Essayez d'accorder plus d'attention à ce que vous pensez au lieu de vous perdre dans les réflexions.

méditation analytique

La colère est l'une des émotions les plus destructrices pour la santé. Méditer sur son antidote, la patience, rendra votre vie et la vie de ceux qui vous entourent plus agréable. Pour le bouddhisme, la patience signifie « tolérance » et se réfère à la capacité de rester calme face à l'adversité ou à la provocation, autrement dit cela signifie ne pas se laisser aller à sa colère. La colère est une force puissante dans toute personne. Sur le plan quotidien, notez la manière dont vous êtes irrité par la plus ordinaire des choses, en dépit de votre bonne nature. Bouddha recommandait de gérer la colère grâce à la méditation, afin de devenir plus calme, plus

conscient de ses émotions et plus affectueux envers autrui.

- Asseyez-vous sur un coussin ou sur une chaise dans votre espace de méditation. Observez votre respiration pendant 5 minutes (voir page 24) pour apaiser et focaliser votre corps et votre mental.

- Rappelez-vous la dernière fois que vous vous êtes fâché avec quelqu'un. Êtes-vous encore fâché ? Demandez-vous si vous mettre en colère dans cette situation vous a aidé ou vous a blessé. Demandez-vous si la colère vous a aidé à devenir une personne plus gentille, plus aimante. Réfléchissez à ce que vous ressentiriez si vous étiez capable de laisser à cette personne plus d'espace pour être ce qu'elle est, peu importe combien elle vous irrite ou vous agace. Imaginez le faire en ce moment. Sentez la paix vous inonder à mesure que vous vous relaxez et abandonnez le besoin de vous battre. Générez le désir sincère que cette personne soit heureuse et libérée de souffrance.

- Revenez au présent. Restez assis à surveiller votre respiration pendant 5 autres minutes, puis mettez fin à votre méditation.

méditation avec visualisation

La télévision et l'Internet donnent des informations 24 heures sur 24. Souvent, celles-ci concernent la violence, la guerre et les conflits en tout genre. Il est facile de vous sentir débordé, désespéré et impuissant, ou simplement de devenir insensible et enfouir vos sentiments, seulement pour les voir se manifester pendant les nuits sans sommeil ou lors d'autres problèmes liés au stress. Pratiquez cette méditation quand vous vous sentez effrayé, dépassé et attristé par l'état du monde.

- Trouvez un endroit tranquille, dans la maison ou dehors. Asseyez-vous en posture de méditation sur une chaise ou un coussin. Respirez profondément pendant quelques minutes.

- Pensez à un conflit particulier qui vous affecte le plus. Essayez de ne pas favoriser un groupe par rapport à un autre. Admettez que l'agresseur et les victimes souffrent.

- Générez le désir que tous les êtres impliqués guérissent leur colère et leur douleur. Incluez-vous dans ce désir. Visualisez un être sacré : Dieu, Bouddha, Krishna, la Vierge, votre pouvoir supérieur. Imaginez une lumière blanche fraîche et curative émanant de cet être vers vous, remplissant votre corps et apaisant toute colère ou peur éventuellement éprouvée.

- Envoyez à partir de votre cœur la lumière vers ceux qui sont en guerre – aux combattants, à leurs familles et aux leaders qui ont déclenché le conflit. Générez un sentiment de compassion pour vous-même et pour tous ceux impliqués. Visualisez la guerre prendre fin et la paix régner partout. Achevez votre séance de méditation quand vous vous sentez prêt.

YOGA ET MÉDITATION

L'objectif initial de la pratique du yoga était la transformation spirituelle. Lorsque vous faites entrer la méditation dans votre pratique de postures simples de yoga, comme décrit aux pages suivantes, outre un corps plus sain vous profiterez d'un changement de vos habitudes mentales, de vos attitudes et de votre vision de la vie. La méditation vous aidera à élargir votre conscience et vous mettra en rapport avec votre sagesse profonde.

qu'est-ce que le yoga ?

En Inde, les asanas *du yoga étaient conçues pour approfondir la méditation, élément d'une voie vers l'illumination spirituelle.*

Actuellement, la plupart des gens connaissent le yoga en tant que pratique de santé d'origine indienne. Les bénéfices physiques de la pratique des diverses *asanas* **(postures) sont innombrables.**

En voici une brève liste :
- Le corps devient plus flexible.
- La santé cardiovasculaire et la circulation s'améliorent, la pression du sang est normalisée.
- La digestion s'optimise grâce à un apport de sang plus notable aux systèmes digestif et excréteur.
- Le fonctionnement des articulations devient meilleur, leur raideur s'atténue, élargissant la gamme de mouvements.
- Le maintien des postures fortifie le tonus musculaire, augmente la force et l'endurance.
- La posture du corps est corrigée et le mal de dos diminue.
- Le stress et l'anxiété sont amoindris, le calme et le bien-être s'accroissent.
- La santé de la colonne vertébrale est maintenue.

• Le système endocrinien est équilibré et mieux réglé.

Bien que les bénéfices physiques de la pratique des *asanas* soient merveilleux, sachez qu'en Inde le yoga était pratiqué en tant que voie spirituelle complète vers l'illumination. Les *asanas*, éléments de cette voie, étaient conçues pour fortifier la méditation et encourager la réalisation spirituelle. Pour comprendre la relation du yoga et de la méditation, il est utile d'explorer les racines du yoga et ses nombreux aspects.

les huit membres du yoga

Les *Yoga Sutras* de Patanjali sont les textes les plus anciens traitant de la philosophie du yoga. Les huit aspects du yoga, ses « membres » présentés ci-dessous, forment ensemble la voie belle et inspirante du développement physique et spirituel.

1 **Yama** : Cinq indications éthiques concernant le comportement moral envers les autres :
   • *Ahimsa* : Non-violence
   • *Satya* : Véracité
   • *Brahmacharya* : Non-luxure
   • *Asteya* : Non-dérobade
   • *Aparigraha* : Non-cupidité

2 **Niyama** : Cinq indications éthiques concernant le comportement moral envers soi-même :
   • *Saucha* : Propreté
   • *Santosha* : Contentement
   • *Tapas* : Pratique soutenue
   • *Svadhyaya* : Étude
   • *Isvarapranidhana* : Abandon au Divin

3 **Asana** : Postures de yoga

4 **Pranayama** : Exercices de respiration

5 **Pratyahara** : Introversion des sens pour apaiser le mental

6 **Dharana** : Méditation pour la concentration

7 **Dhyana** : Méditation pour une prise de conscience élargie

8 **Samadhi** : Méditation apportant l'illumination.

la voie du yoga vers votre moi

Pour le yoga classique, les êtres humains sont formés de cinq *koshas* (dimensions ou enveloppes) partant de l'intérieur : la dimension la plus interne est le Moi, *atman*, centre éternel de conscience, réalité absolue. En tant que pratique spirituelle et méditative, le yoga encourage le mouvement depuis les dimensions les plus rudimentaires vers les dimensions les plus subtiles. Une bonne manière d'imaginer ces dimensions est de penser à une série d'abat-jour de couleurs différentes couvrant la conscience essentielle pure et brillante, le Moi ou *atman*, censé n'être jamais né et ne jamais mourir.

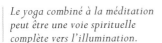

Le yoga combiné à la méditation peut être une voie spirituelle complète vers l'illumination.

Le *annamaya kosha*, la dimension physique, inclut la peau, les muscles, les os et les organes. L'ouverture, la fortification et l'alignement des structures physiques du corps grâce à la pratique des *asanas* sont significatifs pour la santé physique, en plus d'ouvrir les *nadis* (canaux énergétiques) du corps et de fortifier le courant de *prana* (énergie), important pour le travail avec la dimension suivante, *pranamaya kosha*. La méditation sur la prise de conscience du corps physique approfondit la prise globale de conscience de la vie moment après moment.

Vient ensuite la dimension énergétique, *pranamaya kosha*, qui implique la circulation de la respiration et de l'énergie vitale. Le *prana* est l'« énergie » – chi, souffle, force vitale – animant tous les êtres vivants. Une respiration profonde et lente en pratiquant les *asanas* entretient cette énergie vitale et ouvre les canaux subtils du corps, revivifiant l'ensemble de l'être. La méditation focalisée sur la prise de conscience de la respiration est un excellent choix pour travailler avec *pranamaya kosha*.

Mana signifie « mental ». *Manamaya kosha* est la dimension mentale, celle associée au système nerveux, celle où les pensées et les émotions sont traitées. C'est là qu'interviennent les aspects errants et hyperactifs du mental. Les méditations apaisant le mental et celles aidant à devenir conscient des pensées et des émotions sont importantes pour travailler avec cette dimension.

atteindre les dimensions internes

Allant vers le centre, *vijanamaya kosha* est la dimension de la sagesse et des états supérieurs de conscience. *Vijana* signifie « connaissance ». En accédant à cette dimension du Moi, nous faisons l'expérience d'un savoir profond, d'une communion avec le Divin (quelle que soit la manière de l'envisager) et d'un aperçu de notre nature essentielle. Cette dimension interne aspire à la vérité et pousse à chercher le sens le plus profond de la vie. Les méditations se concentrant sur *vijanamaya* se focalisent sur l'élargissement de la conscience, au-delà des pensées et de la réalité ordinaire.

La dernière dimension précédant le Moi est *anandamaya kosha*, le corps de félicité. C'est à ce niveau que nous éprouvons la liberté, la paix et l'union avec le Divin. Ce n'est pas de la félicité en tant qu'extase émotionnelle, mais de la joie et de l'amour dépassant ce que la pensée peut comprendre et sans rapport avec une raison ou une cause. Vous restez simplement dans la félicité.

En utilisant la métaphore de la lampe et des abat-jour, au centre, la réalisation du Moi, de l'*atman*, est la lumière même. C'est l'expérience indescriptible de l'illumination, l'objectif de la méditation du yoga. Toutefois, il faut noter que la méditation qui conduit au *anandamaya kosha* et la réalisation de l'*atman* ne font pas l'objet de ce livre. Ces dimensions sont atteintes uniquement par une pratique de longue durée sous la direction d'un véritable maître.

Les huit membres du yoga et les cinq *koshas* montrent que, pour les anciens, le yoga *était* méditation. Nous espérons que cela vous incitera à commencer votre propre pratique du yoga.

postures et méditations simples

Essayez les postures (*asanas*) suivantes associées aux méditations préliminaires conçues pour vous aider à stabiliser votre mental, accroître votre prise de conscience et l'élargir.

posture de la Montagne

La posture de la Montagne, *Tadasana*, est le point de départ et de fin de toutes les postures debout du yoga. Dans l'idéal, votre mental est paisible et votre corps fort et immobile, comme une montagne. En pratiquant cette posture à la maison, essayez de la combiner avec la méditation sur la respiration, pour accroître votre prise de conscience de vos pensées et sensations et aider en même temps à apaiser votre mental.

1 Tenez-vous debout, pieds joints, bras détendus sur les côtés.

2 Oscillez doucement en avant et en arrière jusqu'à ce que vous arriviez à un point où vos pieds semblent ancrés et équilibrés. Percevez le poids de votre corps réparti également sur l'ensemble de vos pieds – talons, orteils, bords interne et externe – et appuyez-vous dessus pour entrer en contact avec le plancher aussi totalement que possible.

3 Gardez les genoux droits, rotules détendues. Assurez-vous qu'ils sont positionnés au-dessus des chevilles et au-dessous des hanches. Les muscles de vos jambes doivent être contractés, mais pas raidis.

4 Laissez votre respiration s'apaiser à son propre rythme. Relaxez vos épaules et laissez vos bras pendre naturellement, poignets et mains sur les côtés.

5 Rentrez le pubis pour faire saillir vos fesses, puis faites-les revenir à l'alignement en rentrant légèrement le coccyx.

6 Inspirez par le nez, élevez la poitrine au-dessus du ventre et sentez la colonne vertébrale s'étirer vers le haut à travers le sommet de la tête. Rentrez un peu le menton, en le gardant parallèle au plancher, permettant ainsi à la nuque de s'allonger. Relaxez votre gorge.

7 En expirant, appuyez-vous fermement sur vos pieds et percevez la traction contraire de l'énergie vers le haut à travers votre colonne vertébrale.

méditation
dans la posture de la Montagne

- En vous tenant dans la posture de la Montagne, respirez profondément pendant quelques instants pour relaxer votre corps et éliminer de votre mental toute inquiétude et peur. Laissez ensuite votre respiration s'installer dans un rythme naturel.

- Commencez en comptant votre souffle, vous concentrant sur l'expiration. Comptez jusqu'à 10, puis recommencez. Notez toute pensée qui survient. Dès que vous la remarquez, revenez à la concentration sur la respiration. Cela se produira maintes fois, mais ne vous en inquiétez pas, revenez juste à la respiration avec douceur et gentillesse envers vous-même, sans porter de jugement, comme si vous rameniez à vos côtés un jeune enfant en le prenant par la main. Continuez tant que vous êtes à l'aise.

- Comptez votre respiration en notant cette fois-ci tout sentiment qui apparaît : frustration, agitation, ennui, colère à propos d'une rencontre avec une personne détestée. Ne vous jugez pas pour ces sentiments, ne les attisez pas en les entretenant, mais acceptez-les et revenez à la focalisation sur votre respiration.

- Quand vous êtes prêt à mettre fin à votre méditation, prenez une série de respirations profondes et sortez lentement de la posture de la Montagne.

flexion en avant assise

La flexion en avant assise, *Paschimottanasana*, est une posture simple qui, associée à la méditation, aide à entrer en contact avec la vaste dimension de votre être intérieur. Sur un plan physique, elle favorise l'étirement de la colonne vertébrale, des épaules et des muscles ischio-jambiers, stimule les reins et le foie. Mentalement, elle contribue au soulagement du stress et de la dépression. Sur un plan spirituel, elle offre une excellente occasion d'explorer votre monde intérieur et d'éprouver la capacité de la méditation à vous ouvrir aux états supérieurs de conscience.

1 Asseyez-vous sur le plancher, fesses soutenues sur une couverture pliée, jambes tendues devant vous. Inclinez le bassin en arrière pour déplacer votre poids sur l'avant de vos fesses. Appuyez vos mains sur le plancher derrière vos hanches et élevez le torse vers le plafond.

2 Inspirez en levant les bras au-dessus de la tête, en gardant le torse allongé. Expirez et penchez-vous en avant depuis les hanches, pas depuis la taille. Allongez le coccyx en l'éloignant du bassin. Si vous le pouvez, attrapez les bords de vos pieds avec vos mains. Si vous n'y arrivez pas, passez une lanière

sur la plante de vos pieds. Assurez-vous que vos coudes sont bien droits.

3 Après quelques respirations, essayez d'aller plus loin. N'utilisez pas vos bras pour vous étirer dans la flexion en avant, mais allongez le torse en gardant la tête et le cou en ligne avec votre colonne vertébrale.

4 Sur chaque inspiration, élevez et allongez légèrement votre torse, sur chaque expiration étirez un peu plus. Ainsi, votre torse s'allongera imperceptiblement avec la respiration.

méditation
de la flexion en avant assise

- Après vous être mis en *Paschimottanasana*, fermez les yeux et réfléchissez sur le fait que vous êtes bien davantage que votre corps physique. Pensez à votre vaste monde intérieur d'où viennent vos rêves, vos souvenirs et votre intuition. Sachez que ce monde est le plus important aspect de qui vous êtes en tant que personne. C'est là que vous vous connectez avec votre moi supérieur, votre pouvoir supérieur, Dieu – quel que soit le nom que vous lui donnez.

- Commencez à vous focaliser sur votre respiration, relaxez-vous et percevez sur chaque inspiration cette vaste étendue s'élargir en vous. Sentez votre moi intérieur transparent grandir pour remplir votre ville ; inspirez de nouveau et élargissez-le pour remplir votre pays. Inspirez de nouveau et élargissez-le à l'ensemble de l'univers.

- Générez un sentiment d'amour et de compassion pour l'ensemble de l'univers – spécialement pour vous-même. Reposez-vous dans ce sentiment élargi d'amour et d'attention.

- Quand vous êtes prêt, ouvrez les yeux et commencez à ramener votre conscience depuis l'univers à votre pays, puis à votre ville, puis à vous-même.

- Commencez à relâcher la posture sur l'inspiration, tirez la partie supérieure de l'abdomen vers la colonne vertébrale, puis élevez vos bras et votre poitrine en revenant à votre position assise de départ.

- Comment cette méditation a-t-elle changé votre perception de vous-même ?

posture de l'Enfant

La posture de l'Enfant, *Balasana*, est une posture de repos pratiquée entre les autres *asanas*. Tonifiante pour la colonne vertébrale, elle rajeunit et charge en énergie l'ensemble de votre être, en plus de clarifier votre mental. Plus important, elle exige que vous abandonniez votre corps à la gravité et embrassiez l'art de « ne rien faire ». Sur un plan spirituel, elle encourage le sentiment d'appréciation, de dévouement et de gratitude, ainsi que la capacité d'offrir vos dons à autrui sans rien attendre en retour.

1 Agenouillez-vous sur le plancher et asseyez-vous, pieds joints, fesses reposant sur les talons. (Si vous avez du mal, placez une serviette ou une couverture pliée entre vos cuisses et vos mollets.) Écartez les genoux de la largeur des hanches. Placez les mains sur les cuisses, paumes tournées vers le bas.

2 Inspirez profondément, puis expirez en vous penchant en avant, placez votre poitrine entre vos cuisses et posez le front sur le plancher. Entourez vos flancs de vos bras jusqu'à ce que les mains reposent des deux côtés des pieds, détendues, paumes tournées vers le haut, doigts légèrement courbés. Relâchez toute tension dans vos épaules et laissez-les tomber en ouvrant naturellement l'espace entre vos omoplates.

3 Respirez doucement par le nez et sentez votre respiration se répandre dans votre dos, à mesure qu'elle allonge et élargit votre colonne vertébrale. Laissez aller et relaxez-vous complètement.

méditation
dans la posture de l'Enfant

- Dans la posture de l'Enfant, inspirez naturellement par le nez, vous relaxant et vous abandonnant dans le moment avec chaque respiration. Avec votre tête touchant le sol, offrez-vous tel quel à l'univers. Générez un sentiment d'acceptation totale et de compassion pour vous-même et les autres.

- Notez que votre colonne vertébrale est courbée de la manière dont elle l'était dans la matrice. Appréciez la sensation sécurisante de la posture de l'Enfant. Prenez un moment et imaginez comment c'était dans le ventre de votre mère. Exprimez à votre mère la reconnaissance pour le don de la vie.

- Maintenant, à mesure que vous respirez par le nez, visualisez votre respiration allant vers votre colonne vertébrale et remplissant l'espace entre chacune de vos vertèbres. Appréciez la position centrale de la colonne vertébrale pour votre vie, santé et bien-être. À mesure que vous respirez dans votre dos, percevez chaque respiration apaiser vos nerfs et intensifier la circulation autour de la colonne vertébrale.

- Visualisez les nerfs de chacun de vos organes – cœur, poumons, foie, reins – se connectant à votre moelle épinière et la parcourant. Percevez l'impact positif de cette circulation sur chaque fonction de votre corps, y compris la pression du sang, la digestion et les pensées. Si vous avez un problème de santé, utilisez votre respiration pour faire venir l'énergie curative d'abord dans votre colonne vertébrale puis, à travers celle-ci, dans la partie de votre corps ayant besoin de guérison.

- En quittant la posture de l'Enfant, montrez une gratitude et une appréciation renouvelées à votre vie, à votre colonne vertébrale et à son importance quant à votre santé et à votre bien-être.

posture du Cadavre

La posture du Cadavre, *Savasana*, est la posture finale de repos. Pratiquée en association avec une méditation dirigée, elle vous fait percevoir des parties de votre corps dont vous n'êtes pas conscient. La conscience totale de votre corps et son acceptation tel qu'il est aident à accroître l'amour et la compassion pour vous-même et les autres.

1 Allongez-vous sur le plancher, jambes tendues, pieds écartés d'un peu plus que la largeur des hanches. Placez vos bras à 45° de votre corps, paumes tournées vers le haut, doigts relaxés.

2 Rentrez un peu votre menton et laissez vos épaules s'enfoncer dans le plancher.

méditation dans la posture du Cadavre

- Fléchissez d'abord votre cheville droite, puis contractez légèrement le pied, les muscles du mollet, le genou et les muscles de la cuisse. Contractez maintenant l'ensemble de votre jambe droite. Maintenez, puis expirez et laissez toute la tension s'en aller à travers votre pied. Percevez votre jambe. Si une émotion émerge, comme la colère ou la tristesse, acceptez-la.

- Répétez sur votre jambe gauche. Continuez à respirer profondément et lentement par le nez, en expirant toute tension subsistante. Qu'elles soient grosses, minces, jeunes ou arthritiques, aimez et acceptez vos jambes telles quelles.

- Serrez les fesses tour à tour, puis ensemble, aussi fort que vous le pouvez. Relâchez et percevez la tension s'estomper. Laissez-vous percevoir pleinement votre bassin et toute

émotion qui apparaît. Aimez et acceptez votre sexualité telle qu'elle est.

- Concentrez-vous sur les muscles des parties inférieure et supérieure de l'abdomen, rentrez le nombril autant que possible en laissant toute tension s'en aller. Aimez et acceptez votre estomac tel qu'il est.

- Devenez conscient des muscles de votre dos et contractez-les. En expirant, laissez vos muscles s'étaler sur le plancher. Ressentez de la compassion pour vous-même et pour les difficultés que vous connaissez en ce moment de votre vie.

- Contractez aussi fort que possible les muscles de votre poitrine, puis relâchez en expirant toute tension. Laissez aller tout chagrin qui vous pèse.

- Conduisez ensuite votre conscience à vos épaules. Contractez les muscles de votre épaule droite, puis relâchez, de sorte qu'elle s'étale sur le plancher. Faites pareil avec votre épaule gauche. Appréciez le degré auquel vous portez le poids de vos responsabilités.

- Contractez les muscles du bras droit et serrez le poing autant que vous le pouvez, en levant un peu ce bras du plancher. Relâchez ensuite et percevez la tension descendre et sortir par le bout des doigts. Faites pareil avec le bras gauche. Acceptez et aimez vos bras tels quels.

- Concentrez-vous sur votre cou et votre tête. Contractez les muscles du cou et de la gorge. Serrez fermement la mâchoire et crispez tout votre visage, puis relâchez. Aimez-le et acceptez-le.

- Restez dans la relaxation profonde, en générant un sentiment d'acceptation de soi aussi longtemps que vous en avez envie.

posture de l'Arbre

La posture de l'Arbre, *Vrksasana*, aide le développement de la concentration mentale, qui permet de calmer votre mental. Elle accroît la stabilité physique et émotionnelle, améliore l'équilibre, fortifie les jambes et augmente la flexibilité des hanches. La difficulté de la posture de l'Arbre est de maintenir l'équilibre sur une jambe. Si vous n'y arrivez pas, cela est souvent dû au mental agité ou à l'attention distraite. La pratique régulière de cette posture contribue à l'apprentissage de la concentration.

1 Commencez dans la posture de la Montagne (voir pages 34 et 35). Respirez naturellement quelques instants.

2 Sur l'inspiration, passez votre poids sur le pied gauche. Expirez et pliez le genou droit, attrapez votre pied droit et placez sa plante aussi haut que possible sur la face interne de la cuisse gauche, orteils dirigés vers le bas. Restez en équilibre, puis ramenez doucement la jambe pour ouvrir votre hanche.

3 Joignez les paumes au niveau du cœur dans la position de la prière, fixant du regard un point devant vous pour favoriser l'équilibre.

4 Inspirez et levez vos bras juste au-dessus du sommet de la tête, en gardant les paumes jointes et en vous étirant vers le haut à travers le bout des doigts.

méditation
dans la posture de l'Arbre

- Visualisez le pied sur lequel vous vous tenez en équilibre comme la racine de l'arbre, et votre jambe, comme son tronc. Imaginez que votre jambe droite, votre tête et vos bras sont les branches et les feuilles. Même si votre corps oscille, essayez de ne pas rompre votre concentration. Focalisez-vous sur un point devant vous.

- Essayez de vider votre mental des pensées superflues et imaginez que vous êtes un immense chêne solide grandissant en silence dans les bois. Vous bougez très légèrement avec le vent, vous bougez beaucoup dans la tempête, mais vous restez toujours ferme, droit et ancré. Gardez vos yeux focalisés sur un point devant vous dans la forêt. Respirez naturellement.

- Imaginez des oiseaux se posant sur vos « branches » et des écureuils montant sur votre « tronc ». Ils sont à l'aise avec vous en raison de votre solidité, force et calme. Vous accueillez généreusement leur présence, car ils ne vous distraient pas ni ne vous font perdre votre concentration. Vous êtes calme et centré en vous-même.

- Le moment où vos pensées vont ailleurs – au travail, à vos peurs, n'importe où, ce qu'elles feront – vous risquez de perdre l'équilibre. Réadaptez votre posture et ramenez en douceur votre concentration à la visualisation d'un bel arbre fort, équilibré, calme et majestueux. Sentez dans votre corps que vous êtes cet arbre-là.

- Au lieu de vous réprimander pour avoir perdu l'équilibre, félicitez-vous pour avoir maintenu si longtemps la posture. Utilisez cette occasion pour devenir conscient de la puissance de vos pensées et du degré auquel elles peuvent se montrer perturbantes dans la vie quotidienne.

- Revenez à la posture de la Montagne et reposez-vous. Essayez maintenant cette méditation dans la posture de l'Arbre, en équilibre sur l'autre jambe.

posture du
Chien museau vers le sol

Le Chien museau vers le sol, *Adho Mukha Svanasana*, est l'une des postures de la séquence traditionnelle de la Salutation au Soleil. En tant que telle, c'est une excellente *asana*. Sur le plan physique, elle fortifie et revigore. Sur le plan spirituel, écarte la tension, soit dans vos *asanas,* soit dans votre vie.

S'il n'y a pas de tension, vous avez l'occasion de laisser aller toute idée préconçue et d'aborder la vie telle qu'elle est. Par exemple, si vous apprenez de mauvaises nouvelles, au lieu de vous raidir physiquement et mentalement, vous vous reposez sur la respiration et laissez vos sentiments traverser votre corps. Pareillement, au lieu de porter un jugement précipité sur une situation provoquant la colère, relâcher la tension et vous concentrer un moment sur votre respiration permet de gérer la situation réelle. La vie est assez difficile sans y ajouter de la tension. Comme le Chien museau vers le sol est une posture difficile, la tendance est de contracter des muscles plus que nécessaire pour la maintenir. Cette posture offre une excellente occasion d'aborder l'idée de ne pas ajouter de la tension.

1 Commencez à quatre pattes. Placez vos genoux droit sous vos hanches, et vos mains sous vos épaules, légèrement en avant. Recroquevillez vos orteils.

2 Expirez en levant les genoux du plancher, puis élevez vos fesses vers le plafond. Assurez-vous que vos médius pointent en avant et appuyez vos paumes sur le plancher, le poids également reparti.

3 Sur l'expiration, poussez vos cuisses en arrière et étirez vos talons vers le plancher. Si vos talons arrivent sur le plancher, reculez vos pieds d'un pas pour rendre l'exercice plus difficile. Redressez les genoux, sans toutefois les bloquer.

4 Percevez vos omoplates, puis écartez-les et descendez-les vers le coccyx. Gardez la tête entre le haut des bras, sans la laisser pendre.

5 Si vous avez du mal à aligner la tête entre vos épaules, essayez de poser les mains sur des blocs de yoga ou d'utiliser le siège d'une chaise métallique pliante.

méditation
dans le Chien museau vers le sol

- Scannez votre corps et trouvez tout endroit où vous avez introduit plus de tension que nécessaire. Relâchez celle-ci et relaxez-vous dans la posture.

- Pensez à un événement récent où vous avez ressenti du stress. Notez si cette pensée fait se contracter vos muscles. Relâchez de nouveau la tension, tout en continuant à vous rappeler l'événement stressant.

- Videz votre mental de toute pensée et concentrez-vous sur votre respiration en comptant jusqu'à 10. Percevez le contraste entre l'idée d'un événement stressant faisant se contracter votre corps et la libération de la tension faisant ralentir votre respiration.

- Finissez la méditation en vous reposant dans la posture de l'Enfant (voir pages 38 et 39) aussi longtemps que vous le désirez.

posture du Lion

Le yoga s'est inspiré de la nature et de la vie sauvage pour de nombreuses *asanas*. La posture du Lion, *Simhasana*, est excellente pour exploiter votre pouvoir personnel. Cette *asana* inhabituelle bénéficie au visage, aux yeux, à la mâchoire, à la bouche, à la gorge et à la langue. Elle soigne des problèmes comme le grincement des dents et la tension chronique de la mâchoire. On la tient même pour une *asana* anti-âge, car elle contribue au raffermissement du cou et du menton.

Sur un plan spirituel, *Simhasana* aide à accéder à la férocité du lion afin d'éliminer les modèles négatifs invétérés. Dans ce cas, la férocité n'est pas la même chose que l'agressivité. Elle est plutôt une manifestation de votre sagesse ou de votre pouvoir supérieur transperçant votre négativité. Lorsque vous êtes démoralisé par les dépendances alimentaires, médicamenteuses ou alcooliques, c'est une excellente posture inspirant la confiance que vous réussirez effectivement à les dépasser.

1 Agenouillez-vous sur le plancher et croisez les chevilles, la gauche sur la droite. Tombez le coccyx vers le plancher et redressez votre colonne vertébrale.

2 Appuyez fermement vos paumes contre vos genoux. Écartez les doits comme les griffes d'un lion.

3 Fermez les yeux et inspirez profondément par le nez. Penchez-vous un peu en avant, puis ouvrez simultanément la bouche et tirez la langue, en roulant son bout vers le menton. Ouvrez grand les yeux, faites-les tourner et regardez vers votre « troisième œil ». Contractez les muscles de la gorge et expirez lentement par la bouche, en émettant le son distinct « ha ». Votre respiration doit passer sur l'arrière de la gorge pour générer un « rugissement ».

4 Rentrez la langue dans la bouche et fermez les yeux. Asseyez-vous en posture de méditation avant de commencer une autre série (à partir de l'étape 3).

5 Rugissez 3 fois. Croisez vos jambes dans l'autre sens et répétez la procédure le même nombre de fois.

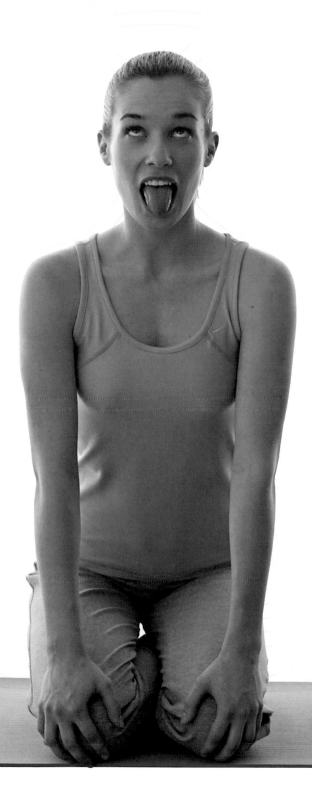

méditation
dans la posture du Lion

• Après avoir effectué les étapes 1 et 2, asseyez-vous tranquillement un moment et pensez à tout problème que vous avez avec les dépendances : inoffensives, comme la télévision, l'Internet ou les glaces, ou graves, comme les drogues et l'alcool. Admettez-les et générez l'intention sincère de les surmonter.

• Fermez les yeux et imaginez que vous êtes votre pouvoir supérieur sous la forme d'un lion. Percevez la force dans votre corps et la clarté dans votre mental. Sachez qu'en accédant à votre sagesse, vous accédez à vos réserves de force et de pouvoir qui vous permettront de surmonter vos dependances.

• Pensez aux dépendances que vous voulez éliminer de votre vie et « rugissez » pour diriger votre énergie et votre force sur ce problème. Si vous vous êtes senti faible et impuissant face à vos dépendances, percevez maintenant votre force et votre résolution.

CHI KUNG ET MÉDITATION

Partout en Chine, des millions de gens pratiquent tous les jours dans les parcs des exercices de chi kung pour entretenir la santé de leur mental, de leur corps et de leur esprit. Le chi kung est l'art de faire circuler, d'entretenir et de cultiver l'énergie, *chi*, l'un des « trois trésors » de l'être humain, les deux autres étant l'essence, *jing*, et l'esprit, *shen*. Le chi kung travaille directement avec le chi, mais affecte les trois trésors. Associer les exercices de chi kung suivants à la méditation concentrée et à la visualisation accroît leur efficacité quant à l'équilibre du corps, du mental et de l'esprit.

qu'est-ce que le chi kung ?

Le chi kung est une branche de la médecine chinoise combinant le mouvement, la méditation et la régulation de la respiration pour intensifier la circulation du chi. Les textes chinois anciens tiennent le chi pour l'élément vital qui génère et unifie l'univers, l'énergie qui baigne l'ensemble de la réalité. Le chi est produit par l'interaction du yin et du yang, les deux forces contraires de l'univers. Ce terme est souvent traduit par « énergie », « énergie vitale », « souffle », « souffle vital ». Le mot *kung* signifie « travail » ou « technique ». Le chi kung est, globalement, la « culture de l'énergie ».

Dans les croyances chinoises, le ciel et la Terre sont les parents de tous les êtres. Les hommes, ainsi que les autres êtres dotés de sensibilité, vivent entre le ciel et la Terre, et sont les descendants de ceux-ci. Nous sommes vivants grâce à notre chi interne, notre énergie vitale originelle héritée de nos parents et perdue lors de la mort. Ce chi est entretenu par la respiration, la nourriture et l'activité physique et mentale. En plus de la respiration et de la nourriture, le chi peut être entretenu par les exercices physiques appropriés et la méditation. Le chi circule dans le corps comme le sang et la lymphe. Si nous ne maintenons pas sa bonne circulation, des blocages et une stagnation peuvent apparaître, qui empêcheront le corps de fonctionner à son mieux et feront apparaître des maladies graves ou chroniques.

En Chine, des millions de personnes se réunissent dans les parcs pour pratiquer le chi kung avant d'aller au travail.

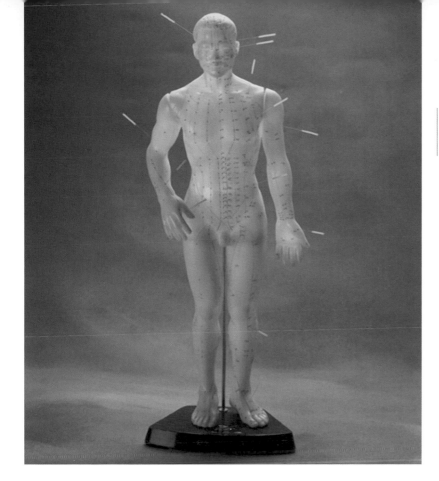

Le chi kung se sert du système des méridiens de la médecine chinoise, utilisé par l'acupuncture pour aider à restaurer la santé et le bien-être.

action avec la méditation

Le chi kung est une pratique curative présentant d'importants aspects méditatifs et métaphysiques, conçu pour favoriser l'entretien et la fortification du chi reçu des parents et pour puiser dans l'énergie chi fondamentale de l'univers. Le chi kung travaille directement avec l'énergie chi pour réunir le corps, le mental et l'esprit. Certains exercices de chi kung aident à accroître les réserves de chi, d'autres à le faire circuler grâce à l'utilisation du mental et des techniques méditatives. En travaillant avec l'énergie chi, le chi kung favorise la prévention de la maladie et sa guérison ; vous pouvez aussi développer une relation spirituelle avec la nature et l'univers. Une pratique avancée enseigne à transférer le chi aux autres et à les aider à rétablir leur énergie épuisée.

Le chi kung se sert du système de méridiens de la médecine chinoise et le combine avec le pouvoir méditatif de l'intention focalisée. Ses mouvements doux donnent la force et la vitalité et fortifient le système immunitaire. En associant les exercices physiques et la respiration avec la visualisation et l'intention focalisée, le chi kung s'avère une pratique notable pour le développement mental, physique et spirituel.

les trois trésors

La tradition taoïste parle de trois « trésors » essentiels pour la vie : le *jing*, le *chi* et le *shen*, traduits respectivement par « essence », « énergie » et « esprit ». Le chi est le plus connu en Occident — le but ultime de tous les arts curatifs chinois est de nourrir, d'équilibrer et de fortifier les trois trésors.

Le *jing*, essence, est l'héritage génétique, l'énergie emmagasinée dans le corps qui permet de gérer le stress quotidien. Il est associé aux hormones des systèmes reproducteur et endocrinien. L'acuité mentale et la force physique générale sont aussi contrôlées par le *jing*, stocké dans les reins, selon les Chinois.

Le chi est le résultat du jeu du yin et du yang, les forces duales de la vie qui rendent le changement possible.

Lorsque le *jing* est fort, il entretient la jeunesse. Quand il est faible, un déclin physique et mental se manifeste et la durée de vie est moindre. Le *jing* est naturellement consumé par la vie, mais est aussi endommagé par le stress chronique et l'excès de travail, le déséquilibre émotionnel, l'abus de drogues et d'alcool, la maladie chronique et l'activité sexuelle excessive.

Le *chi*, le deuxième trésor, est la source de la vitalité et de l'énergie. Grâce au jeu incessant des forces duales de la vie — yin et yang — le changement permettant à la vie d'exister prend place. Le chi est le résultat de l'activité du yin et du yang. Par nature, le chi bouge, nourrit et protège. Le chi kung se concentre sur la culture du chi.

Le *shen*, le troisième trésor, est l'esprit qui dirige et informe le chi. Le *shen* reflète l'aspect supérieur de l'être et est exprimé en tant qu'amour, compassion, générosité, patience, enthousiasme et sagesse.

le chi kung à travers les ages

Les premières références au chi datent de 1800 av. J.-C., où les traités taoïstes de la dynastie Tang (618-905) décrivaient les techniques de respiration, de visualisation ou de méditation visant à favoriser l'atteinte de l'immortalité. Les secrets de ces exercices, pratiqués pour fortifier la santé et équilibrer le corps et le mental, ont été développés, affinés et transmis pendant des siècles de maître à disciple. Les pratiques actuelles du chi kung ne sont plus enveloppées de secret et sont accessibles à toute personne qui veut les apprendre, en Chine et dans le reste du monde.

Au cours des siècles, le chi kung a été associé à la pratique de la médecine chinoise. Des millions de personnes pratiquent régulièrement le chi kung pour entretenir leur santé. Les exercices de chi kung sont souvent « prescrits » de concert avec l'acupuncture et la phytothérapie par les médecins chinois traditionnels, pour traiter diverses affections. En 1989, les hôpitaux chinois ont officiellement reconnu le chi kung comme technique médicale et l'ont inclus dans le Plan national de santé. En Chine, il est actuellement possible d'obtenir un diplôme universitaire de chi kung.

(Ci-dessous, à gauche) En plus de l'acupuncture, le chi kung est prescrit par les médecins chinois pour traiter des maladies.

(Ci-dessous) Les plantes médicinales chinoises traitent les maladies et équilibrent l'énergie chi.

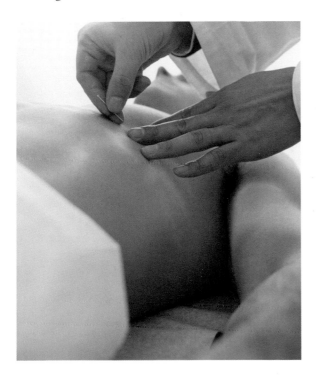

Des apprentis du kung fu regardant les statues des sages shaolin (arhats) *au temple Shaolin de la province de Henan, Chine.*

Le chi kung est également une partie intégrante de la pratique des arts martiaux chinois. Dans les « arts martiaux internes », le pratiquant apprend à cultiver et à contrôler son chi, ainsi qu'à le projeter à l'extérieur et à l'utiliser contre un opposant. Vous avez peut-être assisté à des démonstrations extraordinaires où des pratiquants des arts martiaux cassent des briques avec le front, plient des barres de fer à main nue ou « lancent » une personne à 6 m en émettant une énergie chi vers elle. Ces pratiques offrent un aperçu du pouvoir de l'énergie chi. Le tai chi et le kung fu incluent la pratique du chi kung.

chi kung en tant que pratique spirituelle

À mesure que les pratiques du chi kung deviennent plus standardisées, les aspects spirituels ou méditatifs prennent plus d'importance. Le chi kung était pratiqué dans les monastères taoïstes, bouddhistes et confucianistes pour la santé et le développement spirituel, en plus d'être un entraînement aux arts martiaux. Le célèbre monastère Shaolin de Chine, décor historique de beaucoup de films chinois contemporains d'arts martiaux, est le meilleur exemple de la combinaison du chi kung, de la médecine chinoise, de la spiritualité et des arts martiaux.

La légende raconte qu'un célèbre maître bouddhiste, Bodhidharma (448-527), avait conçu une série de 18 exercices pour les moines bouddhistes au temple Shaolin, les « 18 mains du Lohan » ou « l'art de la respiration des éclairés ». Ces exercices cultivent les trois trésors, *jing*, *chi* et *shen*.

Jadis, les moines du temple Shaolin pratiquaient la méditation, le chi kung et les arts martiaux. Ils apprenaient à cultiver leur chi grâce à des exercices de chi kung, et leur mental et leur esprit grâce à la méditation. Les bénéfices curatifs du chi kung préservaient les moines de la maladie et leur permettaient de se remettre rapidement des blessures. Parmi les bienfaits spirituels du chi kung, on trouve le déblocage de l'énergie chi, conduisant à des états supérieurs de conscience. Pour les maîtres spirituels chinois, la culture du corps et du mental était essentielle à l'illumination.

La pagode de la forêt du temple Shaolin, province du Henan, Chine, où les moines pratiquaient la méditation, le chi kung et les arts martiaux.

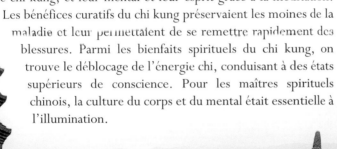

les huit morceaux de brocart

Les huit morceaux de brocart remontent à plus de mille ans, pourtant leur popularité dans la Chine actuelle n'a pas faibli. Des millions de personnes les pratiquent tous les jours. En associant ces mouvements à la méditation, vous disposerez d'une puissante routine pour guérir le corps, le mental et l'esprit.

la posture de base du chi kung

Tous les exercices des « huit morceaux » commencent par la posture de base du chi kung. Le simple fait de rester dans cette posture en vidant votre mental de toute pensée peut être bénéfique.

1 Tenez-vous debout, pieds écartés de la largeur des épaules, soit parallèles, soit un peu tournés en dehors. Vos mains pendent flasques sur les côtés. Relaxez vos épaules. Les doigts se courbent et sont légèrement écartés.

2 Imaginez que l'ensemble de votre corps est suspendu à une ficelle accrochée au sommet de votre tête. Débloquez vos genoux et fléchissez-les très légèrement. Vos yeux regardent en avant, votre menton tombe un peu pour relâcher toute tension dans le cou.

3 Relaxez vos hanches et votre estomac ; ni le ventre ni les fesses ne ressortent.

4 Respirez naturellement en inspirant et en expirant par le nez et gardez la bouche fermée.

ba duan jin, les huit morceaux de brocart

Les huit morceaux de brocart (*Ba Duan Jin*) constituent une élégante série de huit exercices chi kung, mentionnés pour la première fois dans un texte chinois du VIIIe siècle. Ce traité taoïste attribue les « huit morceaux » à l'un des huit Immortels du folklore chinois, développés pour promouvoir la longévité. Ils fortifient et favorisent la circulation libre du chi, tonifient les systèmes corporels et purifient le mental de toute illusion ou négativité. Certains experts affirment que les huit premiers exercices des « 18 mains du Lohan » du temple Shaolin sont les mêmes que ceux des « huit morceaux de brocart ».

un : se tendre vers le ciel

1 Tenez-vous debout, dans la posture de base du chi kung (voir page 56), pieds écartés de la largeur des épaules, épaules détendues et bras pendant flasques sur les côtés. Fermez les yeux, apaisez votre mental et respirez régulièrement. Ouvrez les yeux et regardez devant vous. Entrelacez vos doigts, paumes tournées vers le bas, puis levez lentement vos bras en cercle au-dessus de votre tête, vos paumes tournées vers le ciel. Inspirez en vous étirant vers le haut et en vous tenant sur la pointe des pieds.

2 En expirant, reposez les pieds à plat sur le plancher. En gardant vos bras dans la même position, rapprochez légèrement vos mains de votre tête. Reposez-vous un moment, inspirez et étirez-vous de nouveau vers le haut sur la pointe des pieds, cette fois-ci paumes tournées vers le bas.

Répétez 8 fois, en alternant la direction de vos paumes.

méditation en soutenant le ciel avec vos mains

• En pratiquant ce mouvement, méditez sur ce que les Chinois appellent le « Triple Réchauffeur » : les zones entre la clavicule et le diaphragme, le diaphragme et le nombril, et le nombril et l'aine. Le Tan Tien supérieur est formé du cœur et des poumons ; le Tan Tien central, de la rate et de l'estomac ; le Tan Tien inférieur, du foie, des intestins, de la vessie et des reins.

• En inspirant, imaginez une lumière dorée pénétrer dans votre corps par le nez et dissiper tout problème de respiration, de digestion ou d'élimination.

• En expirant, visualisez toute maladie et déséquilibre sortir de votre corps comme une fumée grise. Répétez 3 fois le premier brocart pour chaque Tan Tien.

deux : viser l'aigle doré

1 Commencez dans la posture de base du chi kung (voir page 56). Faites un pas vers la droite, fléchissez vos genoux et assumez la posture « à dos de cheval ». Assurez-vous de garder le dos droit et les fesses rentrées.

2 Levez doucement les bras, mains face à la poitrine, comme si vous teniez un ballon de plage.

3 Regardez vers la gauche. Inspirez et tendez le bras gauche vers la gauche, parallèle au plancher, paume et doigts dirigés vers le haut à angle droit. Levez en même temps le coude droit vers la droite, parallèle au plancher, comme pour bander un arc. Vous devez maintenant ressembler à un archer, corps tourné en avant, tête vers la gauche. Tirez la « corde » en arrière et étirez votre bras gauche, plat de la main en avant. Expirez en vous étirant.

4 En inspirant, ramenez lentement vos mains à la position du « ballon de plage » (voir étape 2).

Répétez l'exercice vers la droite. Répétez 3 fois sur chaque côté.

méditation en bandant l'arc de chaque côté

- Cet exercice met l'accent sur la zone des reins et les muscles de la taille. Pour générer efficacement du chi, imaginez que vous tenez réellement un arc et le bandez. En visant une cible, visualisez vos reins baignés par les rayons chauds du soleil.

- L'émotion régie par les reins déséquilibrés est la peur. Pensez à tout ce qui vous effraie.

- Visualisez votre peur se dissiper dans une brume à mesure que le soleil réchauffe et rajeunit votre bas du dos.

trois : toucher le ciel et la terre

1 Tenez-vous debout, pieds parallèles écartés de la largeur des épaules. Levez vos mains devant vous, comme si vous teniez un ballon de plage.

2 Le regard fixé devant vous, inspirez et levez la main gauche au-dessus de votre épaule gauche, paume tournée vers le haut, parallèle au plancher, comme si vous portiez un plateau. Votre main droite est tournée vers le bas, parallèle au plancher. Expirez en tendant les deux bras, la main gauche vers le ciel, la main droite vers le plancher. Gardez vos paumes à angle droit par rapport aux bras.

3 Relaxez-vous et inspirez en ramenant vos bras devant vous à la position du « ballon de plage » (voir étape 1).

Répétez l'exercice en inversant la position de vos mains. Répétez 3 fois sur chaque côté.

méditation

- Cet exercice agit sur l'estomac, la rate, le foie et la vésicule biliaire. Lorsque vous levez une main et abaissez l'autre en alternance, vous stimulez la circulation du chi dans la zone de votre estomac.

- Visualisez les organes fortifiés et rajeunis. Imaginez toute stagnation ou toxicité éliminée en inspirant une lumière dorée. Expirez toute maladie sous la forme d'une fumée grise.

- L'estomac et la rate en désaccord manifestent l'inquiétude et l'anxiété. Si vous vous inquiétez ou souffrez d'anxiété chronique, visualisez laisser aller tout ce qui vous perturbe en ce moment.

- Laissez un sentiment de paix et de calme baigner votre corps et votre mental.

quatre : la vache se retourne pour regarder la lune

1 Commencez en vous tenant debout dans la posture de base du chi kung (voir page 56). Tendez vos bras et formez un cercle devant vous comme si vous teniez un ballon de plage imaginaire.

2 Expirez en tournant depuis la taille toute la partie supérieure de votre corps vers la gauche. Vos paumes sont tournées en dehors, comme si vous poussiez le ballon de plage loin de vous. Gardez les pieds à plat sur le plancher, comme pour tirer de l'énergie de la terre en effectuant cet exercice. Revenez à la position de départ et reposez-vous pendant quelques instants.

Répétez vers la droite. Répétez 3 fois sur chaque côté.

méditation

• Cet exercice est censé diminuer les effets des émotions négatives comme la colère, la haine et le désir excessif, susceptibles d'endommager les organes yin, cœur, poumons et foie. Si vous êtes en colère, le chi excessif s'accumulera dans la zone de votre tête. Cet exercice aidera à redistribuer votre chi et à le faire circuler avec fluidité.

• En pratiquant cet exercice, vous pouvez méditer sur votre respiration pour apaiser vos émotions.

• Visualisez toute émotion négative quittant votre corps sur l'expiration. Inspirez une lumière blanche fraîche, apaisante, pour remplacer les émotions.

• Lorsque vous vous tournez pour regarder en arrière, visualisez toute émotion négative éliminée et dépassée.

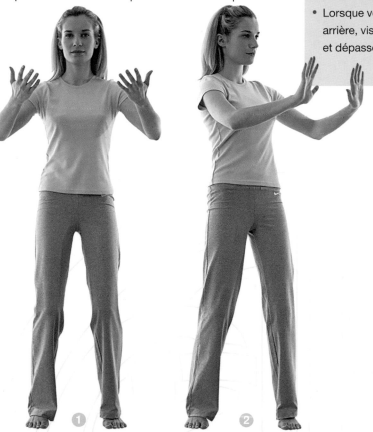

cinq : le saule rafraîchit ses feuilles dans le ruisseau

1 En partant de la position de base du chi kung (voir page 56), levez votre bras droit au-dessus de votre tête, paume tournée vers le bas. Levez le talon gauche. En expirant, penchez-vous vers la gauche. Laissez votre bras gauche pendre naturellement sur le côté, paume en dehors.

2 Reposez votre poids sur la jambe droite et levez le talon gauche du sol. Cela accroîtra l'arc décrit par le côté droit de votre corps. Essayez de maintenir cette position tout en restant aussi détendu que possible. Accroissez maintenant votre étirement, en vous penchant aussi loin que possible vers la gauche.

Inspirez en revenant à la posture de base du chi kung (voir page 56). Étirez-vous de même vers la droite. Répétez 4 fois sur chaque côté, en gardant la tête, le cou et la colonne vertébrale alignés.

méditation

• Cet exercice aide en cas de chi ou de feu excessif dans la zone du plexus solaire. Les brûlures d'estomac sont l'une des manifestations de l'excès de feu.

• Quand le chi devient excessif dans la zone du cœur, les Chinois se tournent vers les poumons pour étouffer le feu. Dans la théorie chinoise des cinq éléments, chaque organe est assigné à un élément. Les poumons appartiennent à l'élément métal et dans cette qualité ils absorbent la chaleur du cœur ou de l'élément feu.

• À mesure que vous stimulez vos poumons en les comprimant sur un côté et en les étirant de l'autre, vous éloignez le feu de la zone de votre cœur et régularisez votre chi.

• En effectuant cet exercice, visualisez tout chi excessif de la région de votre cœur s'apaiser et se normalise. Vous pouvez aussi méditer sur les bénéfices offerts par un corps et un mental calmes.

six : la grue blanche lave ses ailes

1 Partez de la posture de base du chi kung (voir page 56). Tirez vos bras en arrière, puis levez-les latéralement à hauteur d'épaule. Ramenez-les ensuite en avant, paumes tournées vers le bas. Commencez à fléchir légèrement les genoux.

2 Accroupissez-vous et abaissez vos mains assez pour effleurer le haut de vos pieds.

3 Redressez-vous lentement en tournant les poignets et en déplaçant les bras en arrière à hauteur d'épaule.

Répétez 8 fois.

méditation

• Cet exercice fortifie les reins. Lorsque vous vous penchez, vous restreignez le courant de chi vers les reins. Quand vous vous redressez, le chi revient rapidement. Ce mouvement de contraction et de relâchement élimine toute stagnation dans les reins. Quand les reins sont forts, votre énergie vitale est forte.

• En pratiquant cet exercice, méditez sur le vieillissement, l'impermanence et le besoin de prendre soin de votre corps et de votre mental. Devenir conscient de l'impermanence vous aidera à faire de meilleurs choix pour le reste de votre vie.

• Garder votre corps fort et sain grâce à des exercices chi kung favorise la longévité.

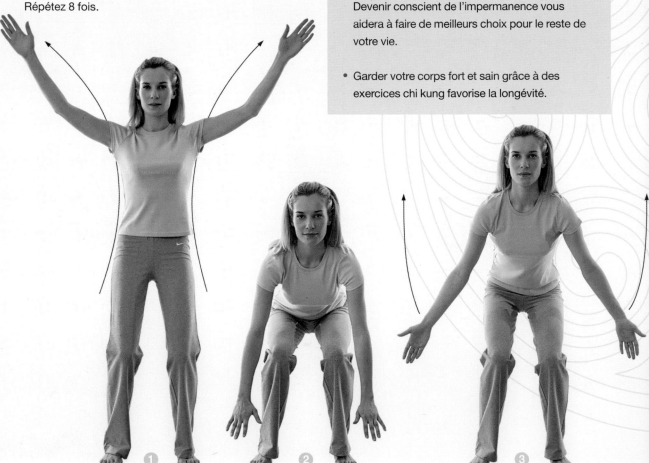

posture alternative

1 Vous pouvez ramener simplement vos mains devant vous, puis expirer en vous penchant et faire glisser vos mains sur les jambes jusqu'à toucher les orteils.

2 Passez vos mains sur l'arrière des chevilles et inspirez en vous redressant, en laissant vos mains remonter par la face postérieure des jambes.

3 Laissez-les se poser sur vos fesses à mesure que vous reprenez la posture verticale et montez sur la pointe des pieds. Maintenez votre respiration, puis expirez et reposez-vous, pieds à plat.

Monter sur la pointe des pieds améliore votre équilibre et fortifie les muscles de vos chevilles et de vos pieds. En fléchissant les muscles des mollets, vous étirez le méridien de la Vessie parcourant les deux côtés de la colonne vertébrale et descendant sur chaque jambe. Répétez 8 fois.

méditation

• En pratiquant cette variante de l'exercice, méditez sur la manière de maintenir un meilleur équilibre émotionnel quotidiennement et sur la façon dont la peur entrave votre carrière professionnelle et vos relations.

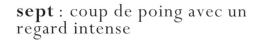

sept : coup de poing avec un regard intense

1 Partez de la posture de base du chi kung (voir page 56), genoux légèrement fléchis. Regardez intensément de vos yeux grands ouverts pour aider à monter votre énergie. Respirez en serrant les poings, pouces à l'intérieur et tirez-les en arrière au niveau de la taille, tournés vers le haut.

2 Expirez et tendez lentement votre bras gauche, poing serré, en le tournant vers le bas. Tirez en même temps en arrière votre coude et poing droit. Maintenez la position une seconde, puis tendez en alternance le bras droit et le bras gauche, poings serrés, en tirant simultanément en arrière le coude opposé et en tournant les poings. Le poing en avant est tourné vers le bas, l'autre vers le haut.

Répétez 8 fois sur chaque côté.

méditation

• Cet exercice élimine tout chi stagnant, surtout dans le foie. Les yeux sont liés au foie. Les ouvrir pour regarder intensément aide à faire monter l'énergie et à accéder au chi du foie.

• Lorsque vous effectuez cet exercice, vous absorbez le chi de la terre, le faites circuler dans l'ensemble de votre corps et l'envoyez vers l'extérieur à travers vos poings et vos yeux.

• Même si vous donnez des coups de poing, cet exercice ne concerne pas la force musculaire, mais fortifie le courant de chi interne et aide la circulation du sang et de l'oxygène.

• En effectuant cet exercice, visualisez votre chi monter depuis la terre, circuler à travers votre corps et sortir par vos yeux et par vos mains.

• Méditez sur l'importance du maintien de la libre circulation du chi à travers votre corps.

huit : secouer les plumes de la queue

1 Partez de la posture de base du chi kung (voir page 56), genoux légèrement fléchis. Respirez profondément pendant quelques instants pour clarifier votre mental. Placez le dos de vos mains d'un côté et de l'autre du bas de votre dos. (Vue frontale)

2 Commencez à bondir à partir de vos genoux, les pieds restant à plat sur le plancher. Gardez les épaules et les coudes lâches et détendus. Si vous percevez une tension quelque part, bondissez jusqu'à sa disparition. En bondissant, les mains massent le bas de votre dos. Quand vous bondissez, expirez par à-coups. Quand vous inspirez, faites-le régulièrement. (Vue latérale)

Bondissez pendant neuf expirations et inspirations.

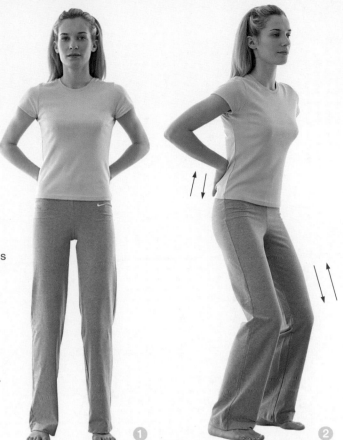

méditation

• Cet exercice de rebond décontracte votre énergie et revigore l'ensemble de votre corps.

• À mesure que vous bondissez, videz votre mental de toute pensée et concentrez-vous sur la sensation du chi se déplaçant dans votre corps. Ne pensez pas à lui comme faible ou fort, bon ou mauvais, et ne vous jugez pas si vous ne percevez pas ce que vous croyez devoir sentir.

• Essayez de ne penser à rien. Quand des pensées apparaissent, concentrez-vous de nouveau sur le corps et sur l'énergie chi parcourant les systèmes corporels, le cerveau, les muscles et les os.

• Visualisez le chi montant du sol et descendant du ciel. Imaginez-le remplir votre corps et circuler dans celui-ci.

• Lorsque vous avez fini de bondir, reposez-vous dans la posture de base du chi kung (voir page 56).

TAI CHI ET MÉDITATION

Le tai chi est probablement l'art physique chinois le plus connu, pratiqué dans presque tous les pays du monde. Cet art martial est devenu actuellement une pratique précieuse pour la santé qui nourrit le corps, le mental et l'esprit. Les mouvements lents et gracieux – dont certains sont décrits ici, associés aux méditations appropriées – sont beaux à voir et encore plus agréables à effectuer. Tout le monde peut profiter de cette pratique ancienne.

qu'est-ce que le tai chi ?

Le terme *tai chi chuan* peut être traduit par « forme suprême ultime ». Cette notion se réfère au concept chinois de yin et de yang, la dualité dynamique baignant toutes les choses. Le yin et le yang se manifestent dans la dualité du masculin et du féminin, de l'actif et du passif, de l'obscurité et de la lumière, du dynamisme et de l'abandon, du soleil et de la lune. Le symbole tai chi est le cercle yin/yang clair et sombre. La « force » se réfère à l'aspect martial du tai chi chuan.

La pratique du tai chi chuan (tai chi) enseigne une séquence de mouvements, une « forme ». La plupart de ces mouvements viennent à l'origine des arts martiaux et sont en fait des coups de poing, des coups de pied, des frappes et des blocages, effectués toutefois au tai chi avec une grâce lente et des transitions fluides, régulières.

La plupart des enthousiastes du tai chi se concentrent sur la santé et la longévité, pas sur les arts martiaux. On peut pratiquer le tai chi à tout âge, et la plupart des gens le tiennent pour un excellent antidote au stress. Cette pratique est aussi merveilleuse pour les affections chroniques comme l'arthrite ou l'hypertension. L'un des objectifs du tai chi, identique à celui du chi kung, est d'encourager la circulation du chi dans le corps, fortifiant ainsi la santé et la vitalité. La pratique de la forme favorise aussi l'équilibre, l'alignement vertébral et le contrôle moteur. Le tai chi est particulièrement utile aux personnes âgées, car il prévient les chutes. Il contribue à l'allure et à la grâce des mouvements quotidiens et à l'amélioration de la posture. Les zones du corps chroniquement tendues sont soulagées. Le tai chi est parfois appelé « méditation en mouvement », car l'apprentissage et la pratique de la forme bâtissent la focalisation et la concentration. Avec le temps, le tai chi aide à apaiser le corps et le mental et ouvre le pratiquant à des réalisations spirituelles plus profondes.

les racines taoïstes du tai chi

Bien que le tai chi se soit développé en tant qu'art martial, ses racines plongent dans la philosophie chinoise du taoïsme, tradition mystique associée à l'érudit Laozi du VIᵉ siècle av. J.-C., auteur du classique *Tao Te Ching*. Laozi promouvait une vision calme, réflexive, allégorique et personnelle du monde, reposant principalement sur la beauté et la tranquillité de la nature. Dans la Chine actuelle, le tai chi est pratiqué presque exclusivement au grand air et est encore associé à la philosophie calme, sereine et accommodante du taoïsme.

Les origines physiques du tai chi chuan remontent au médecin Hua Tuo du IIIᵉ siècle, qui enseignait une pratique de santé, le « mouvement des cinq animaux », imitant les façons de bouger du tigre, du cerf, de l'ours, du singe et de l'oiseau. Selon lui, le corps avait besoin d'exercice pour aider la digestion et la circulation, et l'individu pouvait vivre une vie longue et saine seulement s'il s'exerçait. Son enseignement a été apparemment le précurseur du tai chi.

Comme nous l'avons déjà mentionné, le maître bouddhiste Bodhidharma était venu au VIᵉ siècle au monastère Shaolin et, constatant que les moines étaient en mauvais état physique de par l'excès de méditation et le peu de mouvement, avait créé les « 18 mains du Lohan », exercices de chi kung (voir page 55) incorporés par la suite dans les mouvements du kung fu et du tai chi. Le mouvement du chi lors de la pratique de ces exercices ouvre les canaux énergétiques du corps et facilite les réalisations méditatives. Plus tard, au VIIIᵉ siècle d'autres mouvements du kung fu ont été créés, comme « Jouer de la guitare » et le « Coup de fouet », présents de nos jours dans les formes contemporaines du tai chi.

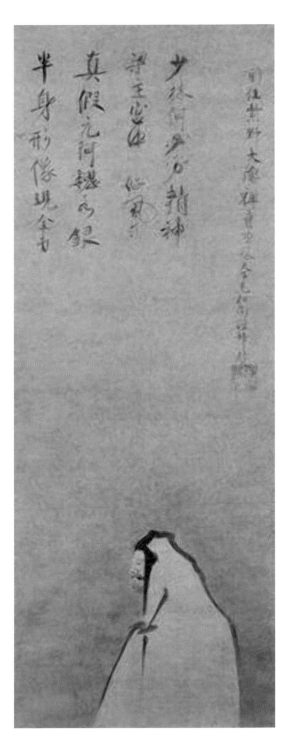

Portrait de Bodhidharma, maître bouddhiste qui a conçu des exercices physiques pour fortifier la méditation.

rêver du tai chi chuan

Le moine taoïste Chang San-feng, qui vivait au XIV⁰ siècle, est tenu pour le père du tai chi chuan. Après de longues observations, Chang avait conclu que la plupart des formes martiales étaient trop vigoureuses et faisaient trop appel à la force physique. Un jour, le bruit d'une confrontation entre un serpent et un oiseau avait perturbé sa méditation et il était sorti de sa cellule monastique pour voir ce qui se passait. Il a remarqué l'oiseau qui plongeait et frappait férocement le serpent de son bec et de ses griffes. Celui-ci, grâce à ses mouvements souples, non seulement évitait les attaques, mais attaquait à son tour. Toutefois, quand le serpent l'avait attaqué, l'oiseau s'était servi de ses ailes pour faire dévier le coup.

Il est facile de voir comment les mouvements gracieux du tai chi chuan facilitent la méditation.

Cette nuit-là, Chang a rêvé que l'empereur lui rendait visite et lui enjoignait d'enseigner les secrets du Tao démontrés par l'oiseau et le serpent. Le lendemain, il s'était mis à créer un nouvel art martial méditatif reposant sur le pouvoir interne du chi et sur les principes taoïstes affirmant que la douceur vainc l'agressivité et que la gentillesse est plus puissante que la force.

En associant certains des exercices plus anciens imitant les animaux, les mouvements du kung fu shaolin, le concept taoïste de yin et de yang et ses idées sur la douceur contre l'agressivité, Chang avait créé les « treize postures » essentielles du tai chi. Ces postures correspondaient aux huit trigrammes de base du *Yi King* (Livre des mutations), système chinois de divination, et aux cinq éléments de la médecine chinoise – eau, bois, métal, feu et terre. Ce nouvel art martial, le tai chi chuan, se fondait sur des mouvements lents, méditatifs, ainsi que sur la concentration sur l'énergie interne du corps.

Plusieurs écoles de tai chi existent actuellement en Chine et dans le monde, et les formes sont passées de 13 à plusieurs centaines. Les styles Yang, Wu et Chen sont les mieux connus – tous nommés d'après les familles qui les ont créés. Le style Yang est le plus populaire. La forme courte du style Yang est la plus facile à apprendre et la plus accessible aux personnes de tout âge et capacité physique.

la forme courte du style Yang

Cette forme du tai chi a été créée dans les années 1950. C'est la forme nationale du tai chi de la Chine continentale et la variante la plus populaire de tai chi au monde. Elle comporte la plupart des principaux mouvements des 108 constituant la forme longue du style Yang, mais laisse de côté de nombreuses répétitions. Comme la séquence peut être achevée en 5 à 8 minutes, elle convient aux personnes très occupées qui veulent profiter des bénéfices spirituels et curatifs du tai chi.

méditations
sur la forme courte du style Yang

Les méditations suivantes sont basées sur les cinq premiers mouvements de la forme courte du style Yang. Si vous vous sentez inspiré, vous pouvez créer vos propres méditations pour les autres mouvements de la forme. Chaque mouvement est une transition fluide vers le suivant.

un : ouverture

1 Tenez-vous debout vers le sud, pieds joints (orteils dirigés un peu en dehors, si cela est plus confortable). Relaxez vos épaules et rentrez le coccyx. La colonne vertébrale doit être alignée correctement, ce qui aide à imaginer qu'elle est suspendue par un « fil doré » d'en-haut.

2 Reposez votre poids sur le pied droit et levez le pied gauche, le posant à l'est, à une largeur d'épaule du pied droit. Les deux sont parallèles et tournés vers le sud, votre poids maintenant également distribué dessus. Faites semblant d'avoir un gros œuf sous chaque aisselle et tournez vos paumes vers le bas, doigts dirigés en avant.

3 En inspirant et en gardant bras, poignets et doigts détendus, laissez vos bras flotter vers le haut au niveau de la poitrine. Les avant-bras sont parallèles au sol, les épaules détendues et immobiles.

méditation

- Le mouvement d'ouverture de la forme Yang est riche en possibilités, comme tous les moments de la vie. Cependant, sauf si nous arrivons à vider notre mental des pensées incessantes et à être pleinement dans le moment présent, nous manquons de nombreuses occasions de croissance et de changement.

- En commençant, prenez un instant pour vous concentrer sur votre respiration. Scannez votre corps et notez vos sensations, ainsi que toute zone de tension. Ne vous jugez pas si vous percevez une tension dans de nombreux endroits de votre corps – cou, épaules ou bras. Observez simplement la tension et respirez dans tout endroit tensionné.

- Continuez à vous concentrer sur votre respiration, et percevez-la comme du chi circulant dans le corps. L'énergie terre yin pénètre dans le corps par un point situé au centre de votre pied, juste sous sa partie charnue, le *Yung Chuan,* la « source bouillonnante ». À mesure que vous respirez, visualisez le chi aspiré de la terre par le *Yung Chuan*. En levant vos bras dans la forme, imaginez que vous êtes élevé par votre énergie interne chi plutôt que par vos muscles.

- En laissant tomber vos bras et en vous reposant dans la position d'ouverture, méditez sur votre respiration aussi longtemps que vous en avez envie. Percevez l'énergie nourrissante yang créer un sentiment de relaxation et de calme, associé à l'ouverture et à la préparation pour ce que la vie apportera.

4 En expirant, levez lentement vos doigts et tendez-les de sorte que leur bout fait face au sud. Ce faisant, vos poignets restent relaxés et tombent légèrement.

5 En inspirant, tirez légèrement vos coudes en arrière aussi loin qu'il est aisé, en gardant les bras un peu éloignés de vos flancs. Essayez de ne pas créer une tension dans votre dos et vos omoplates.

6 Expirez maintenant, abaissez les bras lentement sur les flancs et laissez votre poids s'enfoncer dans le plancher. Relaxez épaules, mains et doigts et fléchissez légèrement les genoux. Imaginez des racines s'enfonçant dans le sol depuis vos pieds, et le fil doré attaché au sommet de votre tête montant dans le ciel.

deux : tourner à droite

1 Inspirez en reposant votre poids sur la jambe gauche, levez les orteils du pied droit et tournez-vous lentement vers l'ouest en pivotant sur le talon droit. En tournant, levez le bras droit, poignet lâche et paume vers le bas, et rapprochez le bras gauche, poignet lâche et paume vers le haut, comme si vous teniez une grande balle de chi devant vous.

2 Expirez en plaçant le pied droit à plat sur le sol et en passant votre poids sur la jambe droite. Si vous abaissez le regard, le genou doit être légèrement tendu au-dessus du bout de vos orteils. Votre main droite est à hauteur du menton, les yeux regardent au-delà d'elle l'horizon lointain. Essayez de percevoir la balle de chi entre vos paumes, car cette sensation doit perdurer pendant l'ensemble de la forme. Finalement, vous n'aurez plus besoin de visualiser la balle de chi et percevrez naturellement le chi. En bougeant, gardez votre dos droit et vos épaules détendues.

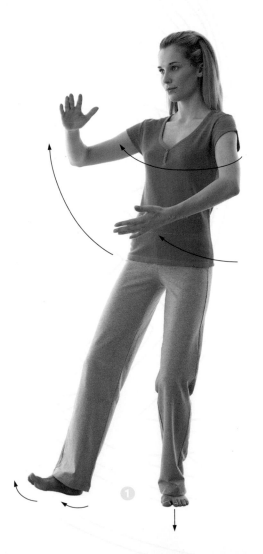

Sentir la balle de chi entre vos paumes est la première étape de l'apprentissage de la perception du chi pendant qu'il traverse l'ensemble de votre corps. Vous pouvez aussi utiliser votre mental pour déplacer le chi en le visualisant là où vous voulez qu'il soit. Le déplacement du chi grâce à votre mental est utile pour dissiper les blocages énergétiques douloureux et charger en énergie les zones apparemment insensibles.

La première fois que vous apprenez ce mouvement, vous pouvez avoir l'impression de devoir travailler séparément sur la main et le pied. Le mouvement de vos mains et de vos pieds finira par se coordonner sans que vous ayez à y penser.

méditation

- Ce deuxième mouvement vous fait affronter l'avenir. Qu'est-ce qui vous attend ? Des sages de jadis disaient que si on veut connaître son avenir, il suffit de regarder sa vie en ce moment même. Si vous continuez à vivre comme vous l'avez fait, où finiriez-vous ? Voulez-vous finir dans un lieu différent ? Dans ce cas, qu'avez-vous à changer maintenant pour créer l'avenir que vous désirez ?

- Parfois, il n'est pas nécessaire de changer activement grâce à la force de volonté. Vous pouvez aussi dissoudre les blocages de votre corps et les émotions qui vous empêchent d'avoir la vie désirée. Lorsque vous relâchez les blocages énergétiques, les émotions refoulées depuis longtemps et les modèles négatifs de pensée, vous accroissez la circulation libre du chi dans votre corps. Quand votre chi circule librement, vous arriverez à accéder à des plans de conscience plus profonds.

Votre mental et votre cœur peuvent alors commencer à travailler ensemble pour créer la vie que vous désirez le plus.

- Quand vous assumez cette deuxième posture de la forme, percevez activement l'énergie chi présente entre vos paumes. Scannez votre corps pour tout blocage énergétique et déplacez mentalement le chi vers cette zone, jusqu'à ce que vous sentiez le blocage disparaître. Percevez le chi yin montant de la terre et le chi yang descendre du ciel, tous deux remplissant votre corps, dissipant les blocages émotionnels et physiques qui vous entravent.

- Après avoir médité ainsi, regardez de nouveau l'horizon. Soyez ouvert au changement et à la transformation et acceptez-les, de même que l'avenir riche en possibilités créatives et en réalisations spirituelles.

trois : parer à gauche

1 En inspirant, appuyez-vous sur votre jambe droite et levez le talon gauche, en vous préparant à faire un pas vers le sud. Levez légèrement votre main droite et tournez-la vers le sud.

2 En expirant, avancez d'un pas le pied gauche et fléchissez le genou gauche en déplaçant votre poids en avant. Ce faisant, votre avant-bras gauche s'élève à l'horizontale devant la poitrine, paume tournée vers vous. Simultanément, le bras droit tombe sur le côté, paume tournée en arrière. Pivotez un peu sur le talon droit pour relâcher toute tension dans votre genou droit. À mesure que vous bougez vos bras, vos paumes donnent l'impression de se toucher à distance quand l'un monte et l'autre descend. À la complétion du mouvement, la tête, les hanches et les épaules sont alignées et tournées de nouveau vers le sud, comme au début.

méditation

• Lors de ce mouvement, vous rencontrez la première position large de la forme, qui établit une fondation solide pour votre posture. À mesure que votre poids s'appuie sur le centre de votre Tan Tien et s'ancre dans la terre à travers vos pieds, vous vous ancrez et vous équilibrez. De cette façon, quelqu'un tente de vous pousser à partir de n'importe quelle direction, vous serez capable de résister à sa force.

• Dans la vie, cette métaphore signale que vous êtes ancré et enraciné dans votre authenticité. Si vous êtes spirituellement enraciné et émotionnellement ancré, vous ne laissez pas la vie pour malmener. Vous réfléchissez aux opinions des autres, sans les laisser influencer indûment votre mental et votre psyché. Vous êtes capable de « parer » les pensées négatives et toute autre attaque venant des gens ou de l'environnement. Vous disposez des frontières personnelles fortes, et votre nature ancrée, authentique, vous permet d'entretenir aisément des relations affectueuses, respectueuses, avec les gens.

• Lorsque vous pratiquez ce mouvement, visualisez – et percevez – toutes les qualités mentionnées ci-dessous, qui sont les vôtres. Sachez que vous avez la force et le courage de parer à toute négativité ou manipulation, en maintenant en même temps votre sentiment de gentillesse affectueuse envers tous.

• Ne vous inquiétez pas si vous affrontez ces aspects de votre vie. Méditer sur eux en pratiquant « Parer à gauche » fortifiera votre capacité à être authentique.

quatre : saisir la queue de l'oiseau

1 Inspirez en faisant passer votre poids sur la jambe gauche et levez le talon droit. Tournez-vous un peu vers la gauche et tenez de nouveau une balle imaginaire, la main gauche au-dessus, la droite, au-dessous.

2 Expirez en vous tournant et faites un pas vers l'ouest avec le talon droit, dans une posture large. Fléchissez le genou droit et portez environ 70 % de votre poids en avant sur votre jambe droite. Pivotez sur votre talon gauche jusqu'à ce que toute pression quitte votre genou gauche. Votre genou droit est au-dessus des orteils. La « balle » que vous tenez diminue maintenant. Votre main droite se lève au niveau de la poitrine, inclinée vers le haut et un peu vers la droite. Votre main gauche tournée vers le bas et pointant vers la paume droite se rapproche maintenant de celle-ci. Tête, hanches et épaules sont alignées et tournées vers l'ouest.

70 %

méditation

- Le nom poétique de ce mouvement, « Saisir la queue de l'oiseau », mérite un examen plus attentif. Les caractères chinois qui forment ce nom, *Lan Que Wei*, donnent des indices quant à sa signification. Le premier, *Lan*, signifie saisir ou prendre quelque chose dans ses mains pour l'examiner. Le deuxième, *Que*, signifie oiseau ou quelque chose de petit. Le troisième, *Wei*, désigne les plumes de la queue d'un oiseau. Dans le contexte du tai chi, le nom de ce mouvement suggère le besoin de faire attention aux plus petits détails de la forme et d'en être conscient ou de tenir compte des moindres détails de la vie. Par exemple, les aspects apparemment insignifiants d'une situation ou d'une personne peuvent détenir la clé de sa signification. Si vous étiez un détective essayant de résoudre un crime, c'est le cheveu retrouvé sur la veste qui finit par trahir le criminel. Lorsque vous tentez de connaître quelqu'un, un petit geste peut permettre de comprendre le caractère de cette personne. En effectuant votre travail, c'est souvent l'attention accordée aux détails qui fait la différence entre médiocrité et excellence.

- Lorsque vous pratiquez « Saisir la queue de l'oiseau », imaginez que vous prenez doucement un minuscule moineau dans votre main pour examiner de près les plumes de sa queue. Visualisez prêter ce genre d'attention aux détails dans une situation de travail. Ramenez ensuite l'attention à la forme. Assurez-vous que vos pieds, mains et corps sont à l'aise et correctement positionnés.

cinq : roulez en arrière et appuyez

1 Inspirez et commencez par passer la majeure partie de votre poids sur votre jambe gauche. Faites rouler un peu vos mains pour que la paume gauche soit maintenant tournée vers le haut, tout comme la droite. L'angle de votre coude droit est maintenant plus aigu, pour que l'avant-bras droit soit dirigé vers le haut. La paume gauche prend en coupe le coude droit. Tournez légèrement la taille vers la droite.

2 Inspirez et, sans bouger les pieds, tournez votre taille vers la gauche. Tirez en arrière votre bras gauche et

retournez-le, pendant que vous abaissez votre bras droit à l'horizontale. Entretenez un sentiment de connexion entre vos mains, même si elles sont maintenant distantes l'une de l'autre.

3 Expirez et portez de nouveau votre poids en avant sur votre jambe droite en tournant la taille dans le sens des aiguilles d'une montre. Vos mains se rencontrent. Votre paume droite est tournée vers vous, la gauche, vers l'extérieur. Elles se touchent. Vos hanches et vos épaules font face à l'ouest, votre genou droit surplombe les orteils du pied droit.

méditation

- Ce mouvement oppose à la force un mouvement latéral, détournant l'énergie sur un côté. Plus la force de l'attaquant est grande, plus celui-ci sera déséquilibré. Une pression en avant prend ensuite place, en suivant l'énergie de l'opposant, puis en adhérant étroitement à celle-ci. Vous ne faites pas du mal à l'attaquant, mais vous n'êtes pas non plus faible.

- Quand vous êtes en conflit avec quelqu'un, mieux vaut bouger avec son énergie que se heurter de front. À mesure que vous faites un écart, son énergie même le pousse dans le vide. Vous maintenez votre intégrité et devenez capable d'exercer une pression en avant à partir d'un point équilibré. Rester en contact signifie que vous êtes encore en relation avec lui et avez une chance de régler vos différences.

- Lorsque vous pratiquez « Roulez en arrière et appuyez », réfléchissez à la manière dont vous pouvez apprendre à mieux suivre les coups de la vie et maintenir votre équilibre. Quand devez-vous affronter quelqu'un, quand devez-vous juste vous écarter et laisser passer les jugements et les affirmations blessantes ? Devez-vous vaincre à tout prix ou pouvez-vous vous tourner de côté et laissez quelqu'un d'autre être « juste » ? Pouvez-vous rester dans une relation quand les choses se gâtent ? Comment pouvez-vous utiliser votre énergie de manière responsable et créative pour régler les conflits et les différences ?

- Pendant que vous pratiquez ce mouvement, imaginez que vous êtes à une réunion d'affaires difficile ou que vous vous disputez avec votre partenaire. Comment pouvez-vous négocier ce conflit sans vous nuire à vous-même ou à l'autre personne ? Percevez pendant ce temps dans votre corps la connexion avec l'autre personne, votre propre force et votre capacité à concéder.

MANDALAS ET MÉDITATION

Le mandala est une image ou une structure sacrée symbolisant les mystères du cosmos, l'univers d'une déité, un voyage spirituel ou la nature circulaire du temps. Le mandala est aussi un outil ancien d'élargissement de la conscience. Méditer sur un mandala – et colorier l'un des quatre exemples présentés dans ce chapitre – est une pratique qui vous conduira à la connaissance profonde de vous-même et de la nature sacrée de la réalité.

que sont les mandalas ?

Le terme *mandala* signifie « cercle » en sanskrit, langue millénaire de l'Inde. Le mandala est un symbole circulaire représentant l'unité psychologique et spirituelle et suggérant la révolution de la vie. Le mandala représente l'ensemble du cosmos, depuis la plus petite cellule à la plus grande planète.

Le Dalaï Lama participe au dessin d'un mandala Kalachakra de sable.

Des mandalas ont été tracés, peints ou bâtis dans toutes les cultures, des plus anciennes aux plus modernes, pour symboliser une réalité spirituelle, peut-être parce que le cercle est la forme fondamentale de toute création. Considérez les cellules arrondies de tout être vivant. Pensez aux étoiles et aux planètes – des formes rondes se déplaçant sur des orbites circulaires. Réfléchissez aux structures architecturales anciennes, comme le Panthéon de Rome, bâtisse circulaire dont le nom signifie « honorer les dieux » ainsi qu'au beau labyrinthe de la cathédrale de Chartres, incitant les visiteurs à se plonger en eux-mêmes et à faire l'expérience de ce lieu de culte et de contemplation.

Le cercle est infini et universel – le mandala est une forme circulaire utilisée pour symboliser les vérités sacrées. Les mandalas ont une puissante énergie primordiale, qui les rend excellents pour la méditation et le développement spirituel.

les mandalas, outil de guérison

À l'époque moderne, le psychologue Carl Jung peignait tous les jours de petits mandalas afin d'accéder à son inconscient. Pour lui, c'était un outil pour son développement psychologique et spirituel et une aide à l'intégration de tous les aspects de sa personnalité. Dans son travail, le mandala était devenu le récipient des aspects de son moi, bons, mauvais et inconnus, qu'il désignait par le terme « ombre ». Il avait découvert qu'en acceptant et en intégrant toutes les parties de sa psyché, il pouvait accéder à l'« individualisation », la joie de se sentir complet en tant qu'être humain. La création des mandalas est devenue une méditation pour sa propre évolution psychologique et spirituelle.

Créer et peindre vos propres mandalas est une excellente pratique curative. Vous pouvez vous servir d'une assiette pour tracer un cercle, puis lui ajouter couleur, lignes, formes et images au crayon ou à l'aquarelle ou faire un collage d'images qui vous attirent. En travaillant, observez les impressions qui émergent, puis contemplez leur signification pour votre vie. Une autre pratique utile est de méditer en coloriant des mandalas déjà tracés à partir des exemples anciens venant de diverses cultures.

mandalas orientaux

Dans les cultures bouddhique et hindouiste, les yogis se servent des mandalas comme aide à la méditation. Pour eux, le centre du mandala représente l'infini ou la divinité ineffable, source de toute création. En méditant sur le mandala, ils approfondissent leur compréhension de la signification suprême de la réalité et font l'expérience de la fusion du moi avec le Divin.

Les bouddhistes tibétains utilisent plus que toute autre culture les mandalas pour la méditation. Leurs mandalas sont, en essence, des peintures bidimensionnelles d'un univers tridimensionnel. Ils peuvent représenter des déités bouddhiques demeurant au centre de leur environnement sacré ou l'ensemble de l'univers tenu pour sacré. Chaque détail très élaboré d'un mandala a été transmis au fil des siècles et a des significations symboliques spécifiques.

En raison de leur culture nomade, les Tibétains peignent souvent leurs mandalas sur des toiles portables, les *thankas*, ou en décorent les murs des monastères sous forme de fresques. Le plus étonnant des mandalas tibétains est le mandala de sable. À des occasions particulières, les moines passent des semaines à tracer un mandala très compliqué avec du sable de diverses couleurs, représentant une divinité au centre de son environnement sacré. Une fois achevé, le mandala de sable sert à la méditation. Ensuite, le sable est balayé et jeté dans un fleuve ou un lac, afin de répandre les enseignements et les bénédictions du mandala. La pratique même est un

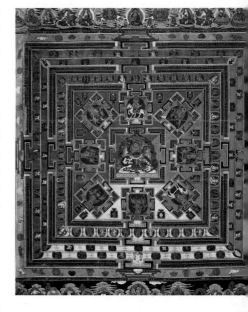

Mandala de Vaishravana, protecteur bouddhique tibétain qui aide à écarter les obstacles à la méditation. L'original se trouve au musée Guimet de Paris.

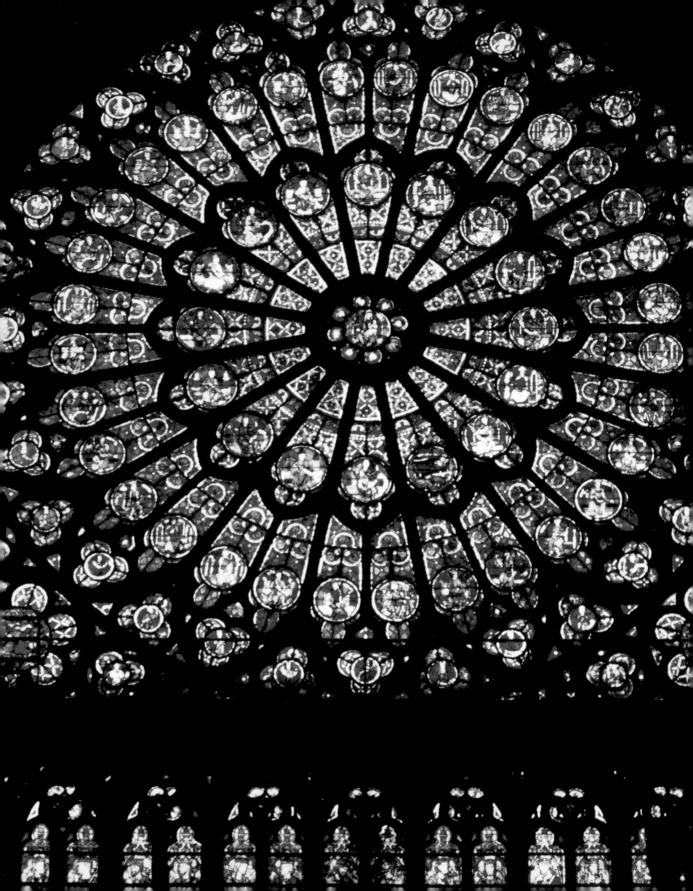

merveilleux enseignement parlant de l'affaiblissement de l'attachement aux choses matérielles et de l'acceptation de l'idée d'impermanence de toutes les choses.

Les Tibétains créent aussi des mandalas tridimensionnels, servant d'offrandes symboliques de l'ensemble de l'univers au gourou ou au maître. Le petit service d'offrande rituelle est en or et en argent. Il est rempli pendant le rituel de grains et de pierres semi-précieuses et précieuses. Pour les bouddhistes tibétains, le traçage, la construction et la contemplation des divers types de mandalas aident à purifier le mauvais karma et à créer des mérites positifs. La méditation sur la divinité qui demeure au centre du mandala, l'univers sacré, rapproche le pratiquant de l'illumination. Grâce à la méditation élargie, le pratiquant finit par regarder tout un chacun comme une divinité, et tous les milieux comme sacrés. La réalité ordinaire est transformée en univers éclairé.

mandalas occidentaux

Dans l'Europe médiévale, les chrétiens avaient créé de belles rosaces dans les cathédrales, sortes de mandala permettant d'enseigner aux masses ignorantes les mystères de l'Église. Le centre de la rosace est souvent occupé par une image du Christ ou de la Vierge. Le personnage principal est fréquemment entouré des symboles des saisons, du zodiaque, des éléments, des vertus et des vices, parfois des images de saints et d'apôtres. À Notre-Dame de Paris, la rosace nord représente les rois et les prophètes de l'Ancien Testament. La rosace sud de la cathédrale de Beauvais montre l'histoire de la Genèse et de la tentation dans le jardin d'Éden. La rosace occidentale de la cathédrale de Chartres raconte le Jugement dernier.

Ces rosaces, en plus de servir d'outil d'enseignement, étaient aussi des véhicules pour la méditation et la contemplation. Le simple fait de regarder ces superbes rosaces pareilles à des joyaux, avec leur éblouissant étalage de couleur et de lumière, peut induire un état méditatif. Suivre du regard leur géométrie sacrée ouvre aux messages et aux symboles profonds contenus dans les panneaux de verre. Le mandala circulaire vous attire en son centre, souvent vers l'image du Christ ; il est l'univers sacré de la présence divine au centre.

Cette rosace de la cathédrale Notre-Dame de Paris encourage la méditation sur les prophètes de l'Ancien Testament.

colorier les mandalas en tant que méditation

Méditer en coloriant des mandalas est une puissante pratique pour le développement personnel et spirituel.

Le coloriage des mandalas a un effet profondément curatif sur le corps, le mental et l'esprit, car il induit un grand sentiment de relaxation, de calme et de bien-être. Les thérapeutes utilisent le coloriage des mandalas pour aider les enfants à gérer la maladie ou pour traiter le traumatisme émotionnel ou physique. Les fumeurs qui essayent d'arrêter la cigarette colorent souvent des mandalas, car cela occupe les mains et atténue le stress du sevrage. Lorsque vous combinez les attributs curatifs du coloriage des mandalas avec l'acte conscient de méditation, ces objets deviennent un puissant outil de développement spirituel.

Voici quelques conseils :

- Pour les meilleurs résultats, agrandissez le mandala sur une feuille de papier, pour le colorier plus facilement et répéter la méditation autant de fois que vous le désirez.

- Avant de commencer, réunissez crayons de couleur, craies, marqueurs ou peintures. Vous ne saurez pas lesquels sembleront justes tant que la méditation n'a pas commencé. Quel que soit le milieu utilisé, assurez-vous de disposer de beaucoup de couleurs, des plus chaudes aux plus froides.

- Pratiquez le coloriage des mandalas quand vous êtes seul et tranquille. Si possible, coloriez-les dans votre espace sacré (voir page 20). Allumez une bougie avant de commencer, pour savoir qu'il s'agit d'une activité sacrée.

- Restez concentré sur le processus et méditez en coloriant. Gardez ce livre à côté de vous et ouvrez-le à la méditation appropriée, pour vous y référer si nécessaire.

couleur et le système des chakras

Les chakras sont des centres énergétiques situés le long de la colonne vertébrale, depuis sa base jusqu'au sommet de la tête. Associer les couleurs utilisées au système des chakras vous aidera à combiner votre méditation avec les énergies curatives des couleurs :

- **Rouge** : Associé au chakra racine situé à la base de la colonne vertébrale. Lié à la survie et au plan physique.

- **Orangé** : Cette couleur est liée au chakra sacré situé à l'aine et se rapporte aux émotions et à la sexualité.

- **Jaune** : Couleur du chakra du plexus solaire, en rapport avec le pouvoir personnel et l'autonomie.

- **Vert** : Couleur du chakra du cœur, qui gouverne l'amour et la compassion, ainsi que l'intégration du mental/corps et des énergies masculine/féminine.

- **Bleu** : Associé au chakra de la gorge, concerne la communication, la créativité et la capacité de dire la vérité.

- **Indigo** : Lié à l'espace entre les sourcils, le chakra du troisième œil, qui gouverne la pensée créative et la sagesse.

- **Violet** : Couleur associée au chakra couronne et connectant au Divin, énergie spirituelle.

Une fois le coloriage de votre mandala achevé, notez les couleurs utilisées et leur signification pour vous dans le contexte de cette méditation particulière.

méditations sur les mandalas

Les pages suivantes proposent des mandalas à colorier pendant la méditation sur l'acceptation de soi, sur la découverte de votre véritable moi et sur l'immensité de l'espace et du temps.

méditation sur l'acceptation de soi

- Fermez les yeux et respirez normalement quelques minutes. Essayez d'établir une séparation mentale entre votre monde quotidien et cette séance de méditation. Intégrez dans la conscience vos qualités et vos défauts. Êtes-vous en contrôle ? Êtes-vous craintif ? Êtes-vous un maître extraordinaire ? Peut-être êtes-vous un parent merveilleux ou un athlète doué.

- Ouvrez les yeux et placez mentalement vos qualités et vos défauts dans les diverses parties du mandala. Êtes-vous fier de vos qualités, gêné par vos défauts ? Commencez à colorier le mandala et, ce faisant, essayez de générer un sentiment d'acceptation totale de chaque aspect de votre être.

- Quand vous avez fini, notez les points du mandala où vous avez placé vos différents aspects et les couleurs utilisées. Un défaut est-il au centre ou sur un côté ? Les couleurs sont-elles harmonieuses ou discordantes ? Quelle impression avez-vous en regardant le mandala achevé ?

- Pour finir, notez l'émergence de tout aspect inconnu de vous-même. Repassez en revue vos défauts et trouvez leur positivité cachée. Par exemple, vous êtes dominateur et tyrannique : pensez à une époque où cela était nécessaire pour qu'un travail soit accompli et pour se frayer un chemin à travers la bureaucratie. Si vous êtes dépendant de l'alcool et ne trouvez rien de positif à ce propos, sachez que si vous vous guérissez vous-même, vous serez extrêmement utile aux gens souffrant du même problème. Méditez sur votre mandala achevé et générez une acceptation et une compassion totales de vous-même et des autres.

Colorier les mandalas aide la concentration sur les sujets de la méditation.

méditation sur la découverte de votre véritable moi

- Asseyez-vous dans la posture de méditation pendant 5 minutes (voir page 21). Réfléchissez une minute à ce que vous présentez à chaque personne. Vous comportez-vous différemment devant votre patron, vos amis, votre conjoint, des étrangers ? Endossez mentalement certaines de ces personnalités en imaginant que vous discutez avec des gens que vous connaissez. Lequel de vos aspects mettez-vous en avant face à chacun ? Ne vous jugez pas, ne pensez pas que vous faites semblant. Selon les situations, toute personne montre des aspects différents de sa personnalité.

- Essayez maintenant d'imaginer votre moi essentiel, celui qui ne présente ni artifice ni névrose. Imaginez que vous êtes dépourvu de toute négativité ou illusion, que vous êtes rempli d'amour et de compassion pour tous les êtres. Imaginez que vous possédez une grande sagesse et un savoir total. Imaginez que vous êtes un illuminé.

- Commencez à colorier le mandala ci-contre. Ce faisant, travaillez à partir de l'extérieur et percevez-vous traverser vos diverses personnalités, négativités et illusions jusqu'au centre – votre moi essentiel. Votre véritable moi est l'être illuminé résidant en vous, que les bouddhistes appellent nature inhérente de Bouddha.

- En arrivant au centre, imaginez avoir atteint votre moi le plus authentique, affectueux, compatissant. Méditez sur lui aussi longtemps que vous le désirez.

- Accrochez votre mandala là où vous pouvez le voir en permanence, afin de vous rappeler qui vous êtes vraiment.

Votre véritable moi est un être humain authentique, affectueux, compatissant, dépourvu d'artifice ou de négativité.

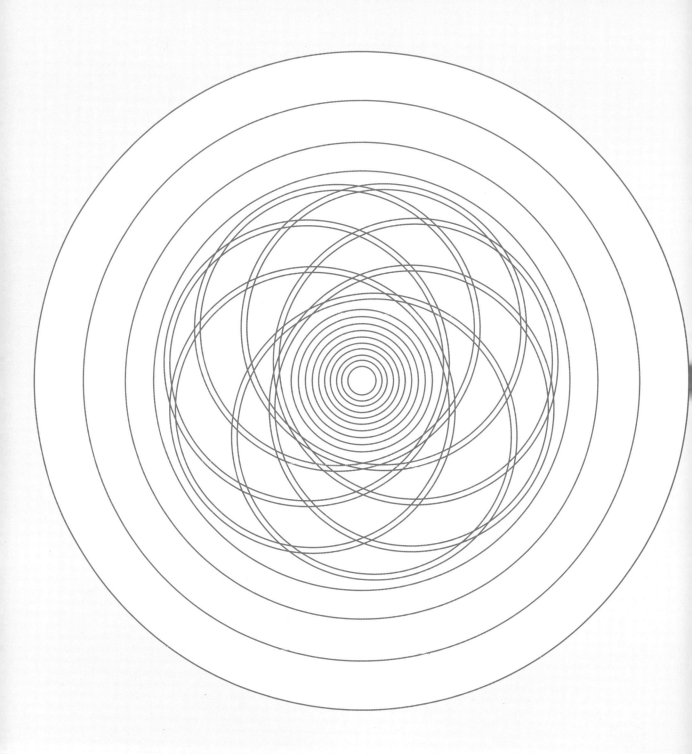

méditation sur l'immensité de l'espace

• Asseyez-vous en posture de méditation pendant quelques minutes pour apaiser votre mental. Fermez les yeux et pensez aux étoiles et aux planètes, ainsi qu'à l'espace de dimensions inconcevables du cosmos. Imaginez que vous regardez la Terre depuis l'espace, puis concentrez-vous sur l'endroit où vous vivez sur notre minuscule planète. Imaginez maintenant que vous êtes encore dans l'espace, mais détournez vos yeux de la Terre et regardez l'inconnu sans limites. Notez la sensation de flotter dans l'espace. Où se trouve le haut? Où se trouve le bas?

• Revenez mentalement sur Terre, ouvrez les yeux et commencez à colorier le centre du mandala, en travaillant vers l'extérieur. À mesure que vous coloriez, pensez à la manière dont votre expérience quotidienne de vie est comparée à l'image que vous avez de vous en tant que partie de l'univers. Quand vous vous levez le matin, vos pensées vont d'habitude aux tâches ordinaires, préparation du petit-déjeuner et travail en perspective. Comment débutera votre journée si vous vous rappeliez où vous êtes sur la planète Terre et où celle-ci se trouve par rapport aux autres planètes et à la galaxie entière?

• En coloriant, gardez à l'esprit l'immensité de l'espace. Comment cela change la vision de votre vie, de vos problèmes et de vos priorités? Vous sentez-vous petit et insignifiant ou un élément de quelque chose de plus vaste et mystérieux? Sentez-vous que l'univers et vous-même êtes une expression de l'intelligence divine?

• Quand le coloriage de votre mandala est achevé, méditez sur toute réalisation que vous avez pu avoir sur vous-même suite à la contemplation de ces questions.

La méditation sur l'immensité de l'espace peut changer la vision de votre vie, de vos problèmes et de vos priorités.

méditation sur le temps

- Commencez par méditer sur votre respiration pendant 5 minutes (voir page 24). Essayez de ne penser à rien et de rester concentré sur votre expiration. Après 5 minutes, notez l'impression que vous avez eu du passage du temps. Est-il rapide, ou semble-t-il ralenti ?

- Commencez à colorier le mandala depuis un point de votre choix. Ce faisant, pensez à votre relation avec le temps. Avez-vous l'impression de ne jamais avoir eu assez de temps ou qu'il y a toujours suffisamment de temps pour réaliser les choses que vous devez faire ? Retardez-vous les choses ou vous servez-vous de la pression du temps pour vous motiver à les accomplir ?

- Pensez aux activités qui arrêtent le temps pour vous ou qui suspendent le sentiment de son passage. Oubliez-vous le temps quand vous lisez un roman intéressant ou regardez un film entraînant ? Oubliez-vous l'heure quand vous êtes avec la personne aimée ?

- Le sens du temps peut se dilater ou se contracter, pourtant notre temps sur la Terre est limité. Pensez à la manière dont vous utilisez votre temps. Êtes-vous conscient d'habitude de ce que vous faites ? Vos choix quant à la manière dont vous passez votre temps sont-ils bons ?

- Si vous saviez que vous allez mourir dans l'année, que feriez-vous différemment ? Comment passeriez-vous le temps qui vous reste ? Que feriez-vous que vous n'avez pas encore fait ? Qu'arrêteriez-vous de faire ?

- Achevez votre mandala et méditez sur la manière d'utiliser le temps précieux dont vous disposez sur la Terre.

La méditation sur le temps vous aidera à apprécier et à utiliser plus sagement votre temps sur la Terre.

LABYRINTHES

Un labyrinthe est une voie unique suivant une trajectoire circulaire. Symbole ancien, il représente le voyage, la découverte et la transformation. En tant qu'outil méditatif, le labyrinthe exige votre participation active. Vous pouvez parcourir un grand labyrinthe ou suivre du doigt sur le papier sa variante réduite. Vous trouverez dans ce chapitre des exemples de chaque type de méditation. Sur son plan le plus profond, le labyrinthe est tant un archétype qu'une métaphore du voyage de la vie et du voyage intérieur vers le moi essentiel.

qu'est-ce qu'un labyrinthe ?

Les labyrinthes sont des formes et des structures géométriques sacrées, connues depuis plus de quatre millénaires. On en a découvert des exemples dans de nombreuses cultures du monde, en Europe, en Inde, dans les États américains du Nouveau-Mexique et de l'Arizona. La voie créée par le labyrinthe était destinée à être parcourue, tracée ou dansée en tant que véhicule de la réflexion, de la méditation et de la prière.

Le premier labyrinthe connu se trouve en Crète et date des environs de l'an 3000 av. J.-C. Nous ne connaissons pas sa signification première, mais les chercheurs prônent que c'était le contour graphique d'une danse où une file de danseurs suivait une voie sinueuse vers le centre, peut-être pour induire un état modifié de conscience. Le labyrinthe initial a donc pu être un schéma tracé sur le sol à l'intention des danseurs.

En tant que symbole de voyage spirituel et de transformation spirituelle, le labyrinthe s'est développé distinctement de la danse de ses origines. Par exemple, à l'époque des croisades, les labyrinthes symbolisaient le pèlerinage spirituel en Terre Sainte. Pour les Hopi, peuple amérindien, le labyrinthe symbolise la mort et la renaissance, ainsi que le retour à la Mère Terre.

Le labyrinthe est un symbole ancien du voyage spirituel et de la transformation spirituelle. Ce pétroglyphe est gravé sur un rocher du Nouveau-Mexique (États-Unis).

la structure de base du labyrinthe

Un labyrinthe est différent d'un dédale, qui impose de négocier ses nombreuses courbes erronées et impasses pour atteindre son centre. Par contre, un labyrinthe n'a qu'une voie unique ininterrompue jusqu'en son centre ; vous en sortez en reprenant le même chemin jusqu'au point de départ. Aussi, un labyrinthe n'est pas une spirale, car il a un périmètre.

Pour mieux comprendre la structure du labyrinthe, imaginez voir celui-ci depuis les airs (voir page 101 pour un exemple classique).

Le périmètre du labyrinthe n'a qu'une ouverture, d'où part le chemin vers le centre. Les lignes mêmes créent les « murs » du labyrinthe, et l'espace les séparant forme la « voie ». La voie remplit la totalité de l'espace intérieur, constitué de circuits se repliant sur eux-mêmes, changeant de direction et rapprochant, puis éloignant, du centre. Chaque fois que vous pénétrez dans un circuit différent, vous tournez à 180°. En changeant de direction, vous faites passer votre prise de conscience de l'hémisphère cérébral droit au gauche,

ce qui induit des états de conscience plus réceptifs. Vous finissez par atteindre le centre – un lieu pour la méditation, la prière ou la réflexion. Ce que vous découvrez ou recevez ici est absorbé et intégré au parcours de sortie.

Un exemple ancien de labyrinthe est la mosaïque montrant Thésée et le minotaure découverte dans la Maison du Labyrinthe de Pompéi.

métaphore pour la transformation spirituelle

La forme du labyrinthe est une belle métaphore pour la transformation spirituelle et personnelle. Le mur l'entourant et l'entrée marquent le début du voyage, qui vous emmène loin de la vie quotidienne et vous conduit en vous-même. À l'intérieur du labyrinthe, l'espace est très compliqué et quelque peu déroutant. Le voyage spirituel – qui pose de grandes questions, comme le but de l'existence, la nature de la divinité ou la réalité du bien et du mal – n'est pas facile. Il est souvent chargé de doutes ; il peut s'avérer

Le voyage dans le labyrinthe et la sortie de celui-ci, associés à la méditation, facilitent la profonde transformation personnelle.

désorientant, et le fait même de l'entamer exige du courage et de la maturité.

La voie du labyrinthe montre autant de tournants que le permet l'espace, formant la route la plus longue vers le centre. Juste quand vous avez l'impression d'arriver au centre, la voie vous en éloigne. Comme la voie spirituelle, la voie du labyrinthe est parfois frustrante. Vous pouvez avoir l'impression qu'elle ne vaut pas l'effort ou que vous n'en êtes pas digne ou capable de la suivre. Mais si vous arrivez à supporter l'anxiété et le stress sans abandonner, vous finirez par atteindre le centre.

Une fois au centre, vous êtes seul avec vous-même et Dieu, votre pouvoir supérieur – ou ce que vous recherchez. Cette rencontre vous change profondément – vous comprenez que vous ne pouvez pas revenir à celui que vous étiez. Vous prenez un tournant à 180 degrés et commencez à suivre la voie de retour vers l'entrée, vers un nouveau départ, avec de nouvelles réalisations spirituelles qui vous inciteront à avancer. Vous n'êtes pas la même personne qui est entrée dans le labyrinthe.

Le parcours de chaque personne est une expérience unique. La manière de le faire et les sensations éprouvées diffèrent d'un individu à un autre. Certains utilisent le parcours pour clarifier leur mental et se centrer. D'autres y viennent avec une question ou un souci. Le temps passé au centre du labyrinthe peut être utilisé pour recevoir, réfléchir, méditer ou prier, ainsi que pour découvrir votre propre espace intérieur. Le chemin de retour offre le temps d'intégrer ce que vous avez reçu. Le parcours peut s'avérer une expérience curative ou très intense, ou simplement être intéressant. Que vous parcouriez réellement un labyrinthe ou le suiviez du doigt sur le papier, chaque voyage est particulier. Avec le temps, le travail avec les labyrinthes a un effet cumulatif.

créer un labyrinthe pour la méditation

L'intérêt pour le pouvoir curatif et spirituel du labyrinthe s'est accru au cours de ces dernières décennies, et de milliers de nouveaux labyrinthes ont été créés dans le monde (consultez www.labyrinthsociety.org). Il y a aussi sur le marché des labyrinthes miniature dont la voie est gravée sur une surface en bois ou en plastique, pour être suivie du doigt.

Pour les méditations suivantes, trouvez un labyrinthe à parcourir, achetez-en un en miniature ou créez le vôtre. Un petit labyrinthe peut être tracé ou peint sur du papier ou sur un canevas, puis suivi du doigt ; vous pouvez en peindre un sur un grand canevas pour l'utilisation au grand air. Vous pouvez créer des labyrinthes avec du ruban adhésif sur le plancher d'une salle de gym, ou en bâtir dans le jardin avec des pierres, des briques, des bougies, des plantes ou des fleurs, des guirlandes lumineuses ou tout ce que vous avez sous la main pour marquer une voie, temporaire ou permanente. Si vous disposez d'une plage, vous pouvez tracer un grand labyrinthe dans le sable.

Les diagrammes suivants vous montrent comment créer un labyrinthe classique de Crète à sept circuits. Le plus facile est de commencer par une croix, puis ajouter les angles droits entre les bras de celle-ci. Placez un point à chaque angle droit, puis connectez-les dans l'ordre indiqué. Si vous ajoutez un angle droit supplémentaire, vous obtiendrez un labyrinthe plus grand, à onze circuits.

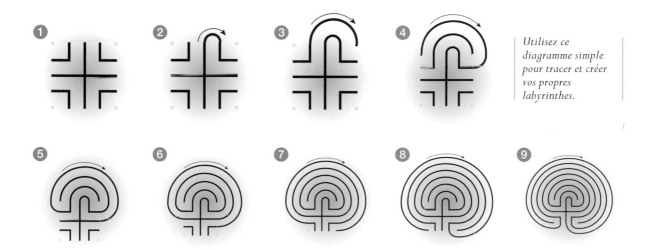

Utilisez ce diagramme simple pour tracer et créer vos propres labyrinthes.

méditations sur le labyrinthe

Les méditations suivantes sont soit destinées à un grand labyrinthe que vous parcourez, soit à un labyrinthe miniature que vous suivez avec le doigt. Les méditations sont interchangeables et peuvent être adaptées pour tout type de labyrinthe, bien que des suggestions soient proposées ci-dessous sur leur meilleure utilisation.

méditation sur l'ouverture au labyrinthe

- Créez ou achetez un petit labyrinthe en papier, en bois ou en un autre matériau qui permettra de tracer la voie avec le doigt.

- Trouvez un moment et un endroit où vous serez tranquille. Respirez profondément pendant quelques minutes, yeux fermés, pour vous relaxer et vous concentrer. Établissez l'intention de permettre l'ouverture et l'intensification de votre relation avec le labyrinthe.

- Commencez à suivre la voie avec l'index de votre main non dominante. Allez doucement et maîtrisez tout désir de vous précipiter vers le centre. Demandez au labyrinthe des images aidant à vous connecter profondément avec lui. Arrêtez un moment juste avant d'atteindre le centre.

- Levez le doigt de la voie et placez la paume de votre main non dominante sur le centre. En inspirant, visualisez la lumière et l'énergie partant du centre vers votre main, bras et cœur. En expirant, percevez la lumière et l'énergie revenir depuis votre cœur, descendant par votre bras dans la main, puis pénétrant au centre du labyrinthe.

- Continuez à respirer avec le labyrinthe et notez toute autre image qui vous vient à l'esprit. Quand vous êtes prêt, achevez votre méditation au centre, levez la paume et remettez l'index de votre main non dominante sur la voie.

- Retracez la voie jusqu'à l'entrée, en absorbant l'expérience.

méditation sur la résolution d'un problème

- Trouvez ou créez un labyrinthe à parcourir. Asseyez-vous ou tenez-vous debout à l'entrée et contemplez un problème pour lequel vous avez besoin d'aide. Ce problème peut concerner l'argent, les relations, le travail ou un autre trouble irrésolu, considérable ou insignifiant. Remémorez-vous-le entièrement, y compris tout sentiment qu'il a pu éveiller en vous.

- Générez l'intention d'accepter tout conseil ou solution révélés par le parcours du labyrinthe. Ouvrez votre cœur à ce que le labyrinthe propose. Soyez disposé à affronter toute vérité à votre sujet ou au sujet de la situation qui semble difficile à admettre.

- Respirez profondément pendant quelques minutes pour purifier votre mental de toute distraction et entamez votre parcours. Ce faisant, maintenez le problème – et l'intention – dans le cœur et l'esprit.

- En suivant le circuit, en vous rapprochant et en vous éloignant du centre, demandez à votre pouvoir supérieur aide et direction. Ce pouvoir peut être une divinité ou simplement une manifestation de votre moi sage.

- Quand vous atteignez le centre, tenez-vous debout ou asseyez-vous là. Respirez de nouveau profondément et ouvrez-vous à tout aperçu susceptible d'éclairer votre problème.

- Quand vous êtes prêt, retracez vos pas. Acceptez ce que vous avez ou non appris. Écrivez sur une feuille de papier ce que vous pensez de ce parcours et de votre problème, ainsi que tout nouveau sentiment, pensée ou aperçu qui émergent.

méditation sur la guérison d'une maladie

- Asseyez-vous ou tenez-vous debout à l'entrée du labyrinthe. Générez l'intention que ce parcours vous aide à guérir d'une maladie physique ou d'une affection chronique.

- Commencez à suivre lentement la voie et imaginez qu'à chaque pas votre système immunitaire se charge en énergie. Créez une image de ce système sous la forme d'une lumière blanche pure éclairant les zones sombres, stagnantes de votre corps. Gardez à l'esprit cette image.

- En prenant chaque tournant, allant de gauche à droite, imaginez votre corps s'équilibrer pendant que la lumière blanche purifiante et curative continue à baigner votre corps.

- Si vous vous sentez mal en entamant votre parcours, ne soyez pas découragé si vous n'êtes pas soulagé immédiatement. Continuez la visualisation, en sachant que vous demandez à l'univers de vous donner la force et les ressources pour guérir. Ouvrez votre cœur à cette possibilité, même si vous êtes plein de doutes et de peur.

- Lorsque vous finissez par atteindre le centre, asseyez-vous ou allongez-vous, si possible. Respirez profondément. Méditez en visualisant la lumière blanche remplissant votre corps et rétablissant votre santé. Restez dans le centre aussi longtemps que vous pouvez maintenir la visualisation. Quand vous êtes prêt, levez-vous, posez les mains sur votre cœur et acceptez la guérison reçue.

- Tournez-vous et revenez lentement sur vos pas.

marcher avec un guide spirituel

- Choisissez une personne ou un être divin qui vous inspire pour vous accompagner mentalement dans votre labyrinthe : Gandhi, Dieu, Jésus, la Vierge, Bouddha, Kouan Yin, Martin Luther King, Mère Teresa, Athéna.

- Demandez-vous pourquoi vous avez choisi cette personne ou cet être divin et quel sujet aimeriez-vous aborder.

- Tenez-vous à l'entrée du labyrinthe que vous allez parcourir et imaginez l'être se tenant à vos côtés.

- Entamez la voie et notez simplement l'impression laissée par le fait de marcher en compagnie d'un personnage si extraordinaire. Quelles émotions émergent ? Vous sentez-vous soutenu, indigne, heureux, triste ?

- Quand vous atteignez le centre, asseyez-vous ou restez debout avec votre guide et posez-lui une question, pratique : « Dois-je commencer une nouvelle carrière ? », ou plus spirituelle : « Quel est le but de la vie ? »

- Écoutez ce que votre guide vous dit. S'il ne vous donne aucune réponse, contentez-vous de baigner dans la joie de la compagnie d'un être aussi puissant et positif.

- Quand vous êtes prêt, revenez sur vos pas jusqu'à l'entrée avec votre guide et remerciez-le de vous avoir accompagné.

méditation sur l'affrontement du feu

- Pensez à une peur qui affecte votre vie. Ce peut être une peur spécifique, comme la peur des hauteurs et de l'avion, ou une peur plus diffuse de l'échec ou de l'intimité.

- Tenez-vous à l'entrée du labyrinthe et générez l'intention d'affronter votre peur en son centre. Remémorez-vous votre peur et percevez-la aussi intensément que vous le pouvez. Imaginez maintenant la peur comme étant tridimensionnelle. Quelle forme prend-elle ? Est-elle un animal effrayant, un monstre ou une chose amorphe ?

- Entamez votre parcours en ayant décidé de rencontrer votre peur au centre du labyrinthe.

- Laissez émerger toute émotion ou pensée. Vous serez probablement essoufflé, étourdi ou désireux d'arrêter. Quoi que vous ressentiez, continuez.

- Une fois au centre, visualisez votre peur se tenant là devant vous. Ne vous inquiétez pas, elle ne vous attaquera pas, mais se tiendra simplement là.

- Affrontez votre peur et dites-vous que vous ne la laisserez plus interférer avec votre vie. Dites-lui qu'elle ne vous empêchera plus de vous réjouir ou de faire face à de nouveaux défis. Dites tout ce que vous voulez, puis mettez fin à la conversation.

- Tournez le dos à votre peur et revenez sur vos pas.

méditation sur la respiration pour atténuer l'anxiété

- Fermez les yeux et respirez profondément quelques instants. Accordez-vous la permission d'utiliser ce temps pour méditer et parcourir votre labyrinthe.

- Ouvrez les yeux et positionnez-vous (ou le doigt de votre main non dominante) à l'entrée du labyrinthe. Respirez naturellement et commencez à vous focaliser sur votre souffle. Quand des pensées ou des inquiétudes émergent, revenez à votre respiration.

- Commencez à suivre ou à tracer la voie en continuant à vous concentrer sur votre respiration.

- Vous remarquerez votre attention faisant la navette entre la voie et votre respiration. Essayez de vous concentrer simultanément sur les deux. Si l'anxiété revient, laissez-la avancer comme un nuage dans le ciel et revenez à la concentration sur la voie et sur votre respiration.

- Une fois au centre, s'il s'agit d'un grand labyrinthe, asseyez-vous et méditez pendant quelques minutes sur votre respiration. Si vous suivez un labyrinthe miniature, placez la paume de votre main non dominante au centre et méditez sur votre respiration.

- Quand vous êtes prêt, commencez le voyage de retour vers l'entrée, tout en maintenant votre concentration sur la respiration. Prenez votre temps et ne vous hâtez pas.

- Quand vous arrivez à l'entrée, prenez un moment pour comparer les sensations actuelles à celles éprouvées avant le début de la méditation dans le labyrinthe.

méditation sur la fin d'une relation

- Trouvez un moment et un endroit où vous ne serez pas dérangé, puis posez votre labyrinthe miniature sur la table devant vous.

- Remémorez-vous votre partenaire. Si vous êtes en colère, triste ou effrayé, laissez émerger ces sentiments.

- Générez l'intention que cette méditation dans le labyrinthe vous aide à mettre fin en douceur à la relation.

- Commencez à suivre la voie avec l'index de votre main non dominante. Prenez votre temps. Imaginez que vous avancez vers le centre de votre propre être – lieu de sagesse et de force.

- Arrivé au centre, placez-y la paume de votre main non dominante. Fermez les yeux et imaginez que vous êtes face à la personne que vous quittez. Remerciez-la pour le temps passé ensemble et souhaitez-lui bonne chance. Imaginez ensuite que vous vous tournez et vous éloignez d'elle.

- Ouvrez les yeux et laissez émerger tout sentiment. Si vous voulez pleurer ou rire, faites-le. Il se peut que vous vous sentiez effrayé, très triste ou soulagé. Tous les sentiments sont acceptables. Si vous vous accrochez encore à la relation après lui avoir fait vos adieux, ainsi soit-il.

- Entamez le voyage de sortie du labyrinthe en absorbant l'expérience à mesure que vous suivez la route.

méditation pour équilibrer les hémisphères cérébraux droit et gauche

- Tenez-vous à l'entrée du labyrinthe, équilibré sur vos pieds, la colonne vertébrale droite et les épaules détendues. Fermez les yeux et respirez quelques minutes pour vous apaiser et vous centrer. Rappelez-vous que l'hémisphère droit est visuel et traite l'information de manière intuitive et simultanée, alors que l'hémisphère gauche est verbal et traite l'information de manière analytique et séquentielle.

- Ouvrez les yeux et commencez votre voyage dans le labyrinthe, en essayant de ne penser à rien. Quand les pensées ou les sentiments émergent, ramenez votre attention à la voie. La tête est toujours dirigée en avant.

- Quand vous abordez un tournant à 180°, tournez délibérément la tête et le regard dans la direction prise, portant celui-ci sur la voie devant vous. En arrivant au tournant suivant, déplacez votre corps, votre tête et votre regard dans la nouvelle direction. Marchez lentement, à pas réguliers, vous concentrant sur la voie et sur le mouvement de vos yeux.

- Arrivé au centre, tenez-vous là immobile, yeux fermés. Méditez sur votre souffle aussi longtemps que vous le voulez. Si des pensées ou des sentiments émergent, écartez-les. Quand vous êtes prêt, ouvrez les yeux et entamez le voyage de retour de la même

façon, lentement et soigneusement, en faisant attention à la voie et au mouvement de vos yeux.

- Quand vous atteignez l'entrée, tenez-vous là une minute et notez si vous vous sentez différent par rapport au moment où vous avez pénétré dans le labyrinthe.

méditation sur une relation engagée

- Tenez-vous avec votre partenaire à l'entrée du labyrinthe. Fermez les yeux et respirez profondément pendant une minute pour purifier votre mental de toute attente ou distraction. Ouvrez votre mental et votre cœur au partenaire et remémorez-vous l'engagement pris à son égard. Consacrez mentalement ce parcours à la consolidation de votre engagement et à l'intensification de votre relation.

- Ouvrez les yeux et commencez à marcher dans le labyrinthe, l'un derrière l'autre. Si vous le voulez, inversez vos places. Marchez lentement, avec décision.

- Pensez ainsi à ce que signifie pour vous aimer sans conditions. Imaginez accorder à votre partenaire la liberté d'être lui-même. Souhaitez réellement pour lui la liberté et le bonheur.

- En continuant vers le centre, pensez à ce que signifie pour vous le compromis. Comment acquerrez-vous du pouvoir dans cette relation tout en abandonnant le contrôle ? Engagez-vous à trouver un équilibre offrant aux deux partenaires ce dont ils ont besoin.

- Arrivé au centre, tenez-vous l'un face à l'autre en vous regardant silencieusement dans les yeux quelques minutes. Laissez-vous traverser par les pensées ou les sentiments qui émergent.

- Quand vous êtes tous deux prêts, entamez votre voyage de retour vers l'entrée. Comment l'expérience au centre vous a-t-elle affecté ?

méditation pour vous ouvrir à la créativité

• Dessinez ou peignez un petit labyrinthe pour cette méditation, en suivant les instructions de la page 101. Une fois le labyrinthe dessiné, enduisez les lignes de glu liquide. Avant qu'elle sèche, parsemez le labyrinthe de paillettes dorées et argentées. Enlevez l'excès.

• Placez le labyrinthe sur une table devant vous. Fermez les yeux, puis respirez profondément afin de purifier votre mental et vous préparer à pénétrer dans le labyrinthe.

• Ouvrez les yeux et commencez à suivre la voie vers le centre de l'index de votre main non dominante, lentement et avec décision. Si vous avez peur de « lâcher prise » au cours du processus créatif ou si vous doutez de vos talents ou savoir-faire, laissez ces obstacles et inhibitions se dissiper.

• À chaque tournant, sentez-vous vous rapprocher de votre centre créatif, où vous serez joyeux, spontané et débarrassé de toute inhibition. Votre centre créatif peut aussi être la source spirituelle d'intenses réalisations.

• Arrivé au centre, placez la paume de votre main non dominante dessus, l'autre paume, sur le cœur. Fermez les yeux et laissez l'énergie circuler entre votre cœur et le centre du labyrinthe.

• Quand vous êtes prêt, ouvrez les yeux et mettez-vous à suivre la voie allant du centre vers l'entrée. Méditez ainsi sur l'idée que vous êtes un canal pour l'expression de la joie intense et des vérités éternelles de l'univers.

méditation sur la Mère divine

- Tenez-vous devant l'entrée du labyrinthe et respirez profondément pour apaiser votre mental. Préparez-vous à être enserré par les énergies féminines du labyrinthe.

- En entamant votre voyage vers le centre du labyrinthe, imaginez que vous entrez dans l'univers de la Grande Mère. Vous pouvez la voir comme la Grande Déesse, la Mère Terre, la Vierge, le Bouddha féminin Tara, la bodhisattva chinoise Kouan Yin, ou toute autre manifestation féminine de l'énergie divine.

- Marchez très lentement et avec décision et relaxez-vous progressivement avec chaque pas. Imaginez que cette émanation de la féminité divine vous tient dans ses bras en vous préservant de tout danger. Si vous avez envie de pleurer, faites-le.

- Arrivé au centre, tenez-vous debout ou asseyez-vous et fermez les yeux. Imaginez-vous en sa présence. Imaginez-la sourire en vous regardant affectueusement dans les yeux. Réalisez qu'elle est l'incarnation de l'amour et de la compassion. Sachez qu'elle vous accepte et vous aime tel que vous êtes. Percevez sa puissante protection et son soutien.

- Quand vous êtes prêt, ouvrez les yeux, remerciez-la et entamez votre parcours de retour à l'entrée. Sachez qu'elle sera avec vous chaque fois que vous en aurez besoin.

méditation pour affronter la vérité

- Tenez-vous à l'entrée du labyrinthe et remémorez-vous la situation que vous voulez régler. Respirez à fond quelques instants et laissez émerger tout sentiment à ce propos.

- Prenez la voie vers le centre et imaginez qu'à chaque pas la vérité de la situation vous apparaît plus clairement. Si vous commencez à éprouver de la peur, sachez que les énergies protectrices du labyrinthe vous permettront de faire face à ce que vous devez affronter.

- Arrivé au centre, tenez-vous là et ouvrez votre cœur et votre mental à tout ce que vous devez savoir pour régler la situation. Parfois, vous réaliserez brusquement ce qui est nécessaire, d'autres fois, vous

vous sentirez encore désorienté. Vos actions mettent en mouvement le processus de règlement du problème en vous ouvrant à la vérité, que vous avez jusque-là préféré éviter.

- Quand vous êtes prêt, entamez votre parcours de retour à l'entrée. Laissez-vous ressentir tout sentiment ou jaugez toute pensée émergée.

NATURE ET MÉDITATION

La nature apaise, la nature guérit. La beauté et la sagesse vous attendent dans une pinède odorante, sur une plage déserte, près d'un bassin calme ou un ruisseau. Si vous n'avez pas le temps d'aller dans la nature pour méditer, le parc voisin ou votre jardin feront l'affaire. Essayez l'une des méditations présentées aux pages suivantes pour vous reconnecter aux beautés de la nature et aux vérités que celle-ci renferme.

le besoin de vous reconnecter avec la nature

Beaucoup de citadins, qui passent la majeure partie de leur vie à l'intérieur, ont perdu le contact avec le monde naturel. Ce manque de connexion avec les arbres, les fleurs sauvages, le renard et le roitelet, a eu des conséquences pour l'âme et pour l'environnement. Nous sommes devenus dysfonctionnels de bien des manières et la séparation de la nature a assurément contribué à nos problèmes globaux.

Voici quelques méditations simples aidant à vous reconnecter avec la nature, à votre propre profit et au profit de cette planète que nous appelons « chez nous ». Par besoin de les enregistrer – lisez la méditation appropriée, posez le livre et méditez. Si vous le voulez, concevez vos propres méditations en fonction de votre expérience personnelle du monde naturel.

méditation sur les nuages

- Choisissez un jour où le ciel est bleu et les nuages, blancs et nombreux. Trouvez un endroit à l'extérieur d'où voir les nuages dans le ciel. Si vous avez envie, allongez-vous dans l'herbe pour mieux voir.

- Notez le sentiment de fixer l'immensité qui vous surplombe. Si vous êtes comme la plupart des gens, vous oubliez de lever les yeux vers le ciel pendant des jours ou même des semaines. Vous savez qu'il est là, mais vos yeux se concentrent surtout droit devant (que ce soit à l'intérieur ou à l'extérieur).

- Respirez profondément pendant un moment et notez la sensation. Quelles pensées émergent ?

- Notez le mouvement et le changement des nuages. Qu'ils se déplacent rapidement ou lentement, ils circulent en permanence et se modifient d'une seconde sur l'autre. Réalisez que vous êtes comme les nuages. Vous n'êtes pas non plus le même de moment à moment. Rien n'est statique, ni en vous ni dans la nature.

- Méditez sur cette idée et laissez vos pensées et vos émotions émerger et disparaître comme des nuages au-dessus de vous. Pourquoi vous accrocher à elles ?

méditation sur les oiseaux

- Allez dans un parc ou, si vous avez le temps, à la campagne. Trouvez un endroit où vous pouvez être seul et entendre et voir des oiseaux. Un petit bois ou une grande haie sert souvent d'abri à de nombreux oiseaux.

- Tenez-vous debout ou asseyez-vous sur le sol. Respirez profondément pour vous apaiser. Fermez les yeux et écoutez. Combien d'appels d'oiseaux entendez-vous?

- Essayez de ne penser à rien. Maintenez votre respiration lente et profonde et écoutez les sons. Laissez leurs chants remplir votre mental et votre cœur. Restez avec cette écoute consciente tant que vous le voulez.

- Comment vous a-t-elle changé? Vous sentez-vous plus calmé ou plus inspiré, triste ou sensible?

- Ouvrez maintenant les yeux et essayez de voir les oiseaux sur les branches vous surplombant. Notez leurs mouvements, leur danse, leur vol, leur vitesse et énergie, la couleur et la beauté de leurs plumes et leur fragilité. Générez un sentiment de gratitude pour leur existence et leur compagnie constante.

méditation sur l'eau

- Trouvez un endroit isolé près d'un plan d'eau naturel. Ce peut être un petit bassin, un ruisseau, un fleuve, un lac ou un océan, grand ou petit, immobile ou en mouvement.

- Tenez-vous debout ou asseyez-vous aussi près du bord de l'eau que vous le pouvez. Notez la qualité de l'eau. Est-elle immobile et paisible ou en mouvement? Est-elle potable ou salée, claire ou boueuse? Quelle couleur a-t-elle? Scintille-t-elle ou est-elle terne? Quelle est son odeur?

- Imaginez toute l'eau de la Terre protégée et soignée. Imaginez les ruisseaux, les lacs et les fleuves débarrassés de toute pollution. Visualisez les nappes aquifères souterraines saines et sûres. Voyez les océans propres, grouillant de poissons et les grands mammifères marins heureux dans leur habitat. Étant donné l'état de nos eaux, cela parait peu probable, mais l'imagination est le début du changement. Méditer sur des eaux propres, protégées et aimées ajoute de l'énergie à l'accomplissement de ce processus.

méditation sur le ciel nocturne

- Choisissez une nuit claire, étoilée, et un endroit où vous pouvez être seul. Si nécessaire, allez dans un endroit où les lumières de la ville ne gênent pas la vue. Asseyez-vous ou allongez-vous sur une couverture. Regardez le ciel nocturne.

- Plongez-vous dans l'obscurité au-dessus de vous et admirez les étoiles et les planètes étincelant comme des diamants.

- Que ressentez-vous en regardant l'immensité incompréhensible de l'univers ? Met-elle vos inquiétudes en perspective ? Sentez-vous connecté à l'espace et au temps, à toute personne qui a vécu et vivra. Imaginez Bouddha, Jésus, Moïse ou l'être divin de votre choix regarder les étoiles – les mêmes que vous admirez en ce moment.

- Restez aussi longtemps que vous en avez envie. Essayez d'apaiser votre mental et laissez l'expérience vous envelopper. Une fois rentré, notez les pensées, les réalisations ou les sentiments émergés.

méditation dans une pinède

- Depuis la nuit des temps, les hommes ont tenu les pins pour les plus sacrés des arbres. À l'opposé des arbres à feuilles caduques, le pin reste vert, suggérant la nature éternelle. Initialement, les pins étaient adorés en tant que tels, puis comme des demeures divines sacrées. Même de nos jours, des tribus nomades chevauchent en silence à travers les pinèdes pour ne pas perturber les esprits des lieux. Que vous croyez ou non qu'elles abritent des esprits, les pinèdes sont des endroits merveilleux pour la méditation.

- Trouvez une pinède ou un bouquet de pins où vous pouvez être seul et tranquille. Apportez une couverture et asseyez-vous sur le sol couvert d'aiguilles de pin.

- Inspirez l'odeur du pin et laissez-la éliminer toute inquiétude et peur de votre cœur et esprit. Sentez l'énergie des pins vous entourer et vous protéger. Notez la quiétude et le souffle léger du vent dans les branches.

- Méditez sur l'aspect nourrissant de la Mère Terre et sur le caractère sacré de toute création.

méditation sur les saisons

- Quatre jours par an sont parfaits pour méditer sur la signification des saisons : l'équinoxe d'été, le solstice d'été, l'équinoxe d'automne et le solstice d'hiver.

- Lors du solstice ou de l'équinoxe que vous célébrez, trouvez un endroit approprié pour méditer, à l'intérieur ou au grand air. Vous pouvez rester debout, vous asseoir ou marcher. Créez une forme de méditation qui a un sens pour vous.

- Après avoir choisi comment vous allez méditer et où, profitez des changements saisonniers pour méditer sur le changement et l'impermanence. Comment gérez-vous le changement ? Acceptez-vous l'idée que nulle chose ne dure et a une fin ? Notez que le changement et la fin sont en même temps tristes et accablants, heureux et libérateurs. La manière dont vous réagissez à la vie a beaucoup à voir avec la manière dont vous en faites l'expérience. Méditer sur la réalité de l'impermanence vous aidera à gérer et à accepter avec grâce le changement.

méditation sur les fleurs

- Les fleurs offrent l'une des manifestations les plus étonnantes de la nature. La meilleure façon d'en profiter est au grand air, dans un jardin. C'est là – en compagnie des insectes, du soleil, de la pluie et de la terre – que vous ferez le mieux l'expérience de la beauté extraordinaire de la nature.

- Si possible, méditez sur les fleurs de votre jardin, rendez-vous dans un parc ou au jardin botanique.

- Asseyez-vous ou tenez-vous debout devant des fleurs qui vous plaisent. Fermez les yeux et inspirez profondément leur parfum. Ouvrez les yeux et laissez leur forme et leur couleur baigner vos yeux. Notez tout insecte bourdonnant autour d'elles – abeille, papillon. Essayez de ne pas penser aux fleurs ; laissez-les juste baigner votre conscience. Êtes-vous en train de sourire ?

méditation sur le feu

- La méditation sur un objet fortifie la concentration. L'un des meilleurs est le feu ou la flamme : une bougie, des bûches brûlant dans la cheminée ou un feu de joie au grand air. Êtres humains, nous gravitons naturellement vers le feu et sommes fascinés par lui – peut-être parce qu'il est primal et essentiel pour notre existence. Dans la nature, l'élément feu chauffe, brûle et transforme.

- Asseyez-vous près d'une bougie allumée ou d'un feu, soit en posture traditionnelle de méditation sur un coussin, soit sur une chaise, pieds à plat sur le sol et colonne vertébrale droite. Fermez les yeux et prenez trois respirations profondes. Ouvrez ensuite les yeux et concentrez-vous sur la flamme ou le feu. Essayez de ne pas laisser les pensées ou les émotions s'interposer. Si elles le font, revenez simplement à la contemplation résolue de la flamme ou du feu.

- Méditez ainsi au moins 10 minutes. Si possible, faites-le tous les jours pendant un mois. Notez comment la méditation affecte votre capacité à vous concentrer dans la vie quotidienne.

glossaire

Allah : mot arabe désignant le « Dieu » unique. Pour l'islam, Allah est le créateur de l'univers et le juge suprême de l'humanité. Dans la tradition islamique, Allah a 99 noms, chacun évoquant un de ses aspects. Le plus célèbre de ces noms est « le Miséricordieux » *(al-rahman)*, le plus utilisé, « le Compatissant » *(al-rahim).*

Atman : mot sanskrit utilisé par l'hindouisme pour désigner l'âme. C'est le moi, le principe divin qui est dans chaque individu. Certaines écoles de l'hindouisme assimilent l'âme de toute personne vivante à Brahman, l'absolu impersonnel. D'autres écoles distinguent entre les deux.

Bouddha : Bouddha, mot sanskrit, désigne l'individu qui a réalisé l'Éveil, l'« Éveillé ». Pour le bouddhisme, ce terme désigne de plus la nature spirituelle de tous les êtres.

Ce terme s'applique en premier au prince Siddhartha Gautama, fondateur du bouddhisme, appelé bouddha Shakyamuni ou simplement « Bouddha ».

L'école hinayana fait référence à 28 bouddhas précédents, alors que la tradition mahayana mentionne aussi plusieurs bouddhas de nature céleste, comme Amitabha ou Vairocana. Le Bouddha du futur sera Maitreya.

L'ensemble des traditions bouddhiques affirme qu'un bouddha a totalement purifié son mental du désir, de l'aversion et de l'ignorance et a ainsi atteint l'illumination. Il a compris la vérité ultime, la nature non dualiste de la vie et a ainsi mis fin à la souffrance que ceux qui ne sont pas éveillés connaissent dans la vie.

Pour le bouddhisme mahayana, le Bouddha n'est plus un être humain, il a été transcendé dans le « corps du dharma », le *dharma kaya*. On considère qu'il a atteint la vie infinie et éternelle, qu'il est présent dans toutes les choses désignées par le terme *dharmadhatu,* infini, et qu'il est doté de qualités incommensurables, dépassant toute compréhension.

Une fausse idée commune parmi les Occidentaux est que le Bouddha est la contrepartie bouddhique de Dieu. Néanmoins, le bouddhisme n'est pas théiste, il ne prône pas l'existence d'un dieu créateur suprême ni ne dépend d'un être suprême pour l'illumination. Le Bouddha est davantage un guide et un maître qui indique aux autres la voie de l'illumination et la manière de devenir eux-mêmes des bouddhas.

Devi : en sanskrit, *devi* signifie « déesse ». En tant que déesse suprême du panthéon hindou, elle assume de nombreuses identités. Parfois, elle est décrite comme gentille et accessible, d'autres fois, comme féroce et courroucée. Sous sa forme de Mère de l'univers, elle gouverne le cosmos, détruisant le mal, créant et annihilant des mondes. Ses noms reflètent souvent des coutumes et des rituels locaux. L'ensemble de l'Inde la célèbre à travers des chansons et des poèmes. Pour certains, c'est la déesse principale, pour d'autres, elle fait partie d'un panthéon plus fourni incluant Shiva, Vishnu, Ganesha et Surya. Toutes les déesses hindoues peuvent être tenues pour diverses manifestations de Devi.

Dharana : terme sanskrit signifiant concentration ; Dharana est le sixième des huit membres du yoga de

Patanjali. Dharana est l'étape initiale de la méditation profonde, où le mental est dirigé vers un objet et s'y maintient. Lors de cette étape, l'objet de méditation, le méditant et l'acte de méditation restent distincts. Autrement dit, le méditant (ou sa conscience supérieure) est conscient de la méditation sur un objet et de lui-même se concentrant sur l'objet.

Dhyana : terme sanskrit désignant la méditation où le mental se concentre sur une chose unique. C'est le septième des huit membres du yoga de Patanjali et un concept clé de l'hindouisme et du bouddhisme. Au *dhyana*, lorsque le méditant se rend davantage compte de l'acte de méditation, seule la conscience d'être/d'exister et l'objet de la concentration existent dans le mental.

Kabbale : le mot hébraïque *kaballah* signifie recevoir, dans le sens de tradition reçue. La Kabbale est la tradition mystique du judaïsme, plaçant l'accent sur le symbolisme des lettres et des nombres.

Méridiens : canaux énergétiques du corps par lesquels circule le *chi*, l'énergie vitale. Les acupuncteurs chinois utilisent environ 2 000 points situés le long des douze méridiens principaux pour traiter diverses maladies et équilibrer l'énergie chi.

Niyama : mot sanskrit signifiant « règle » ou « loi », c'est le deuxième des huit membres du yoga de Patanjali. *Niyama* intègre les règles de morale et se réfère à l'attitude adoptée envers soi-même. Patanjali en énumère cinq. Le premier *niyama* est *saucha*, propreté ou pureté. La pureté extérieure est physique et environnementale. La pureté intérieure concerne le maintien de la santé des organes du corps et la clarté de mental. Le deuxième est *santosa*, le contentement avec ce qu'on a. Littéralement, le mot signifie bonheur. Le véritable sens de ce terme est l'acceptation de ce qui arrive dans la vie. Le troisième, *tapas*, se réfère à la pratique d'entretien permanent de la forme en faisant attention à ce qu'on mange, à la posture, aux modèles de respiration afin que le corps fonctionne parfaitement. Le quatrième, *svadhyaya*, est l'apprentissage personnel conduisant à la découverte de soi, visant à diminuer les tendances indésirables et destructrices. *Isvara pranidhara* signifie contempler Dieu pour s'accorder à Lui et à Sa volonté.

Paratyahara : Le cinquième des huit membres du yoga de Patanjali, où la conscience de l'individu est intériorisée pour que les sensations venant du goût, du toucher, de la vue, de l'ouïe et de l'odorat n'atteignent pas leurs récepteurs cérébraux respectifs. Cette intériorisation est parfois atteinte en se concentrant sur le troisième œil (entre les sourcils). La personne est libre de méditer sans distractions. Aux étapes avancées, le contrôle de la respiration est utilisé pour atténuer les courants électriques qui traversent le système nerveux.

Pouvoir supérieur : compréhension personnelle d'un pouvoir externe plus grand que soi – Jésus, Dieu, Bouddha, la Vierge, Allah, autres personnages divins, le moi supérieur ou la sagesse innée.

Pranayama : quatrième des huit membres du yoga de Patanjali, ce principe se rapporte au contrôle du souffle accompli grâce à la pratique de diverses techniques de respiration. Par exemple, la technique *ujjayi*, respiration glottique implique de fermer partiellement la glotte en respirant pour émettre un sifflement « ah ». *Dirgha*, le souffle « complet » ou « en trois parties », enseigne comment remplir les trois tiers des poumons en commençant par celui inférieur. Selon plusieurs chercheurs, ces techniques sont bénéfiques lors du traitement d'une gamme de troubles liés au stress. La pratique du contrôle de la respiration développe un mental solide, une volonté forte et un bon jugement, allonge la vie et aiguise la perception.

Salat : prière rituelle pratiquée par les musulmans cinq fois par jour. C'est l'acte le plus important de culte islamique.

Samadhi : terme hindouisme et bouddhique décrivant un état méditatif de conscience où le méditant devient un avec l'objet de la méditation et où le mental s'immobilise complètement et se vide de toute pensée. Il est considéré un précurseur pour l'illumination du bouddhisme. C'est le huitième et dernier des huit membres du yoga de Patanjali.

Shiva : une des principales déités de l'hindouisme tenue pour la déité suprême. Dans certaines branches de l'hindouisme, Shiva est vénéré comme l'une des cinq manifestations du Divin, les quatre autres étant Vishnu, Devi, Ganesha et Surya. Les disciples de l'hindouisme qui se concentrent sur le culte de Shiva sont appelés *shivaïtes*. Une autre approche identifie Brahma, Vishnu et Shiva aux trois aspects primaires du Divin dans l'hindouisme : Brahma, le créateur, Vishnu, le conservateur, Shiva, le destructeur.

Soulagement naturel du stress : technique de méditation sur un mantra, pratiquée pour atténuer le stress, l'anxiété, la nervosité, la dépression légère, l'insomnie et les phobies et pour améliorer le bien-être.

Yama : le premier des huit membres du yoga de Patanjali. Le mot sanskrit *yama* signifie « retenue ». Cinq indications éthiques, « yamas », concernant le comportement moral envers les autres – les « interdits » de la philosophie du yoga –, sont citées par Patanjali. Une manière d'approcher les yamas est de les transformer de manière positive. Le premier, *ahimsa*, enjoint d'éviter toute forme de violence envers soi-même et les autres – donc de pratiquer l'amour et la compassion pour tous les êtres dotés de sensibilité. Le deuxième, *satya*, la « véracité », implique d'éviter l'illusion et la malhonnêteté, en se concentrant sur la vérité envers soi-même et les autres. Le troisième, *brahmacharya*, désigne le célibat en tant que moyen d'éloigner les énergies de la sexualité pour les conduire vers la conscience spirituelle. Une meilleure approche est de pratiquer la gentillesse dans les relations sexuelles. *Asteya*, le quatrième, concerne le développement d'une vision moins matérialiste de la vie. Une manière plus positive de la pratiquer est de respecter et de protéger ce qui appartient aux autres. Le dernier, *aparigraha*, demande d'éviter la cupidité, par exemple en pratiquant la générosité.

index

remerciements

Éditeur exécutif Sandra Rigby
Éditeur Lisa John
Directeur artistique exécutif Darren Southern
Designers Annika Skoog, Claire Oldman et Darren Bland for Cobalt id
Iconographe Taura Riley
Contrôleur de production senior Simone Nauerth

Photographies commandées
© **Octopus Publishing Group Ltd**/Russell Sadur.

Autres photographies
BananaStock 15.
imagesource 12, 16.
Jeff Saward 98.
Jim Bucchannan 103, 107, 113.
Alamy/Jean-Philippe Soule 32 ; /Wang Yuming 2.
Corbis UK Ltd 51 ; /Bojan Brecelj 82 ; /George D. Lepp 100 ; /Jon Hicks 70 ; /Mimmo Jodice 99 ; /Soga Dasoku 69 ; /Vanni Archive 84.
Getty Images/John Lee 50 ; Justin Guariglia 54 ; Sean Justice 19 ; /Tibetan School 83.
Octopus Publishing Group Limited/Paul Bricknell 88 ; /Russell Sadur 4, 91, 105; /Ruth Jenkinson 22, 87, 102 ; /Steve Teague 106, 109 ; /William Reavell 20 gauche, 20 droite.
PhotoDisc 11, 14, 30, 31, 53 gauche, 53 droite, 93, 112, 118 gauche, 118, 119
Shutterstock/JoLin 94.

L'éditeur anglais remercie Matthew Ackroyd et l'Académie Mei Quan de Taiji pour leur aide et conseils quant aux postures présentées dans ce livre.